スポーツをがんばる子どものための お悩み解決レシピ

ジュニアアスリートキッチン

BS朝日「アスリート・インフィニティ」編

監修 田口素子
早稲田大学スポーツ科学学術院教授・公認スポーツ栄養士

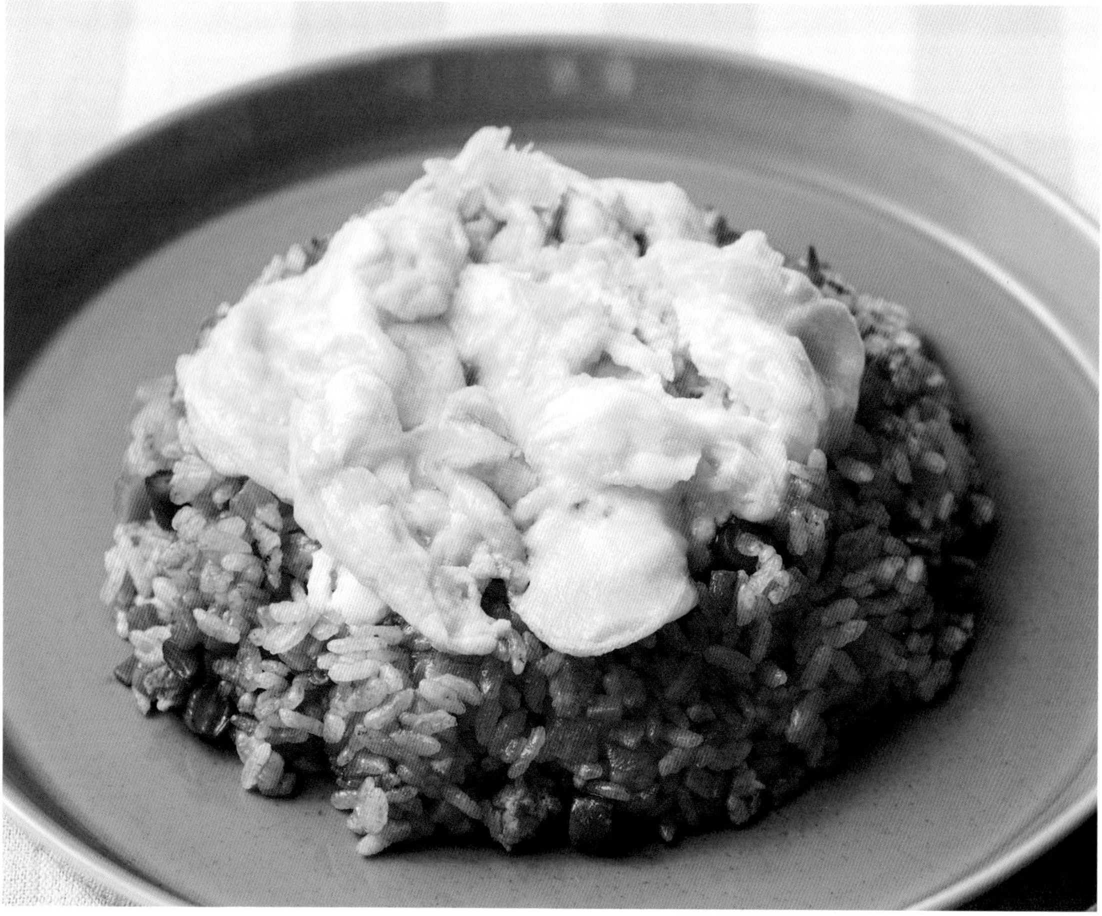

文化工房

アスリートインフィニティ
ATHLETE INFINITY

「技」と「食」で ジュニアアスリートを応援！

空手・染谷香予選手が出演した2019年11月22日（金）放送分の収録風景。

無限の可能性を持つジュニアアスリートを応援する番組「アスリート・インフィニティ」。さまざまなスポーツのトップアスリートが、子どもたちに競技力をアップさせる〝技術〟を直接アドバイス。さらに、技術を支えるカラダづくりのための〝食〟について、スポーツ栄養学の専門家・田口素子先生が提案しています。

これまで番組では、ジュニアアスリートの成長につながるメニューを数多くお届けしてきました。本書では、番組に登場したメニューのレシピを中心に、成長期の子どもたちが健康なカラダをつくり、スポーツの成績を伸ばすために欠かせない、食に関する情報をまとめました。スポーツ栄養の基礎知識、朝・昼・夕などシーン別の献立、単品のお助けレシピなど、毎日の食事にすぐに役立つアイデアを、わかりやすく紹介します。

挑戦を続けるジュニアアスリート、そして、子どもたちの食を支える保護者のみなさんをサポートする1冊です。

ジュニアアスリート：スポーツに本気で取り組んでいる小・中学生。

名場面をプレイバック

アスリート・インフィニティ HISTORY

2016年5月から始まった「アスリート・インフィニティ」。
2020年3月に放送回数200回を達成したこの番組では、ジュニアアスリートを数多く応援しています。今までの放送から、番組スタッフ厳選の放送回をご紹介！

#2 Bリーグ日本人初の1億円プレーヤーが出演

2016年5月20日(金)放送
出演アスリート：バスケットボール・富樫勇樹選手
ジュニアアスリート：小宮山駿帆くん（中学3年生）

身長167cmながら抜群のスピードとテクニックで活躍し、アメリカNBAと契約した日本人2人目の選手になった富樫勇樹選手。現在は所属するBリーグのトッププレーヤーであり、日本バスケットボール界の"顔"の一人です。富樫選手は、「体格差がある相手をドリブルで突破する自信がない」と悩む小宮山駿帆くんに、当たり負けしない強さを身につける方法を伝授。「世界で活躍したいならバランスよく栄養をとって」とアドバイスも送りました。

紹介メニュー
チーズハンバーグ

#110 紹介メニューが大好評！

紹介メニュー
豚キムチそうめん

2018年7月6日（金）放送
出演アスリート：サッカー・太田宏介選手
ジュニアアスリート：鵜野 龍くん（中学3年生）

Jリーグ屈指の精度を誇る左脚キックの持ち主で、フリーキックの名手である太田宏介選手。強豪チームのボランチを務める鵜野 龍くんに、直接ゴールを狙うフリーキックの極意を指導しました。また、「帰宅後の食事があまり進まない」という鵜野くんに紹介したのは、豚キムチそうめん。のど越しがいいので疲れたカラダでも食べやすく、調理方法もとても簡単です。撮影現場では、鵜野くんはもちろん保護者にも大好評でした。

スペシャル11 プロ野球選手の“走攻守”熱血指導！

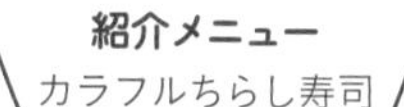

2019年3月2日（土）放送
出演アスリート：野球・源田壮亮選手
ジュニアアスリート：さいたま市立大谷口中学校野球部の皆さん

走攻守三拍子そろった遊撃手として活躍する源田壮亮選手が、軟式野球部を熱血指導。特に守備では「送球しやすいところで捕球しよう」とアドバイスすると、すぐに子どもたちのプレーに変化が。校舎を越える特大ホームランや、球界随一といわれる素早く正確な守備など、トップ選手の力と技も披露しました。練習の後には、糖質やビタミンを補給でき、差し入れにぴったりの具だくさんちらし寿司をみんなで食べました。

食の監修
田口素子（公認スポーツ栄養士）

早稲田大学スポーツ科学学術院教授。オリンピックに公的立場で帯同した日本初の管理栄養士。スポーツと栄養の両方の専門知識を持つ「公認スポーツ栄養士」の第1号でもある。ジュニアからトップアスリートまでスポーツ選手および指導者に対する栄養指導を行う。主な著書は『新版コンディショニングのスポーツ栄養学（編著）』（市村出版）、『アスリートの栄養アセスメント（編著）』（第一出版）など多数。

番組公式サイト

放送チャンネル：BS朝日、BS朝日4K
放送時間：毎週金曜よる9時54分〜
再放送時間：毎週日曜夕方5時55分〜

もくじ

寺川 綾
番組ナレーション

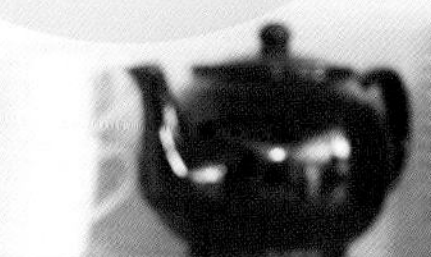

母の料理がパワーに！食べることもトレーニング

日本を代表する競泳選手として活躍してきた寺川さん。
現在は子育てをしながら、スポーツキャスターとしても活動しています。
番組ナレーションを務める寺川さんに、ジュニアアスリートを育む「食」の大切さ、
その思いを教えていただきました。

文・加藤恭子　写真・キッチンミノル

アスリートにとって「食」は基本です。食べることは、トレーニングのひとつ。ケガや病気をしづらいカラダづくりには、やはりバランスのとれた食事が重要です。強くなりたい、結果を出したいと思うのならば、まずはしっかり食べて「トレーニングのできるカラダの土台づくり」をすることがとても大切です。

「アスリート・インフィニティ」に登場するレシピは、ジュニアアスリートに必要な食材をおいしく食べられるように考え抜かれているので、私も毎回、家族のご飯づくりの参考にしています。この番組のおかげで、それまで使ったことのなかった食材を買うなど、料理のレパートリーがぐっと広がりました。

じつは私は子どもの頃、カラダが弱く、小児ぜんそくでした。その改善のために、3歳で水泳を始めました。母はだいぶ心配して食事に気をつかってくれたようです。例えば、料理をいっぺんに出さず、ひと皿ずつ食卓に出すというスタイル。まず野菜を食べ終わらないと次の料理が出てこないので、大好きな肉や魚の料理にたどり着くため、全部頑張って食べるんです(笑)。そんな母の「ちゃんと食べてほしい」という思いのおかげで、バランスのよい食習慣がついたと思います。

高校生の頃は、お弁当のほかに大きいおにぎりを5個くらい学校に持っていきました。朝練のあとなどおなかが空いたらすぐに食べられるようにと、母が毎朝握ってくれていたんですが、そのおにぎりの中身が面白くて。1個の大きいおにぎりのなかに、鮭、タラコ、昆布……などいろいろな具が入っているんです。食べる場所によって味が違うので、「何だ、これ!?」って、つい笑ってしまいました。試合のときは長時間野外に出るので、傷まないように梅干しが多かったですね。

私は食べることが大好きです。とくに好きなのは和食。海外から帰国してすぐにいただくみそ汁のおいしさは「神様」だと思うくらい、ほっとします(笑)。肉や魚も大好きで、現役時代はそうしたたんぱく質をカラダづくりのために意識してとっていました。とはいえ、試合前はエネルギーになる糖質を多めにとり、体が重くなるため肉はあまり食べません。なので試合後に、競泳仲間と焼き肉を食べに行くことが楽しみでした。

いま、私も2人の娘たちの母親となり、実家の母の思いがよりわかるようになりました。

寺川さんがお子さんによく食べさせているという鶏のささみと、焼きトマトを使ったワンプレートメニュー。

料理で気をつけているのはやはり栄養のバランスです。子どもたちは、私に似て肉や魚が大好き。先にメイン料理を出すと、そればかり食べてしまうので、私も母のまねをして野菜を先に出すようにしています。ワンプレートに盛るときも、最初はメインをちょっと少なめに盛り、「全部食べたら好きなものをおかわりしていいよ」と子どもに言っています。

また、子どもたちは保育園からの帰り道で、夕食を待ちきれずに「おなかすいたー!」と騒ぎます。そんなときのために、よく朝から用意しているのが焼きトマトです。オーブンで焼いて甘みが増したトマトは、子どもたちの大好物。もともと下の子はトマトが苦手だったんですが、焼きトマトにすると10個、20個をペロリと食べてしまいます。朝起きてすぐにオーブンを予熱し、トマトを入れて160度で55分焼くだけでできあがり。朝の準備をしている間に放っておけばできるのでラクチンです。焼きトマトと一緒に、さっと調理した鶏のささ身もよく出します。

最近、我が家の長女もスイミングを始めました。絶対にアスリートになってほしいとは思いませんが、いろいろな経験を通して自分の大好きなことを見つけ、突き進んでほしいとは思っています。2021年開催予定の東京オリンピック・パラリンピックを見て、身近に感じて、「自分も何かに挑戦してみたい」と思う子どもたちがひとりでも増えればいいなと思っています。

PROFILE

寺川 綾
Aya Terakawa

3歳より水泳を始め、2001年の世界水泳に初出場。アテネ、ロンドンオリンピック2大会に出場し、ロンドンオリンピックでは個人種目(100m背泳ぎ)、リレー種目(4×100mメドレーリレー)の2種目で銅メダル獲得。50m背泳ぎ、100m背泳ぎの日本記録保持者。現在はミズノに所属し、水泳の普及活動やスポーツキャスターとして活躍中。私生活では2児の母。

PART1
食事の基本

ジュニアアスリートの食事は、どのようなことに気をつければいいのでしょうか。まずは、献立のポイントや食事のタイミングなど、絶対に知っておきたい基本を田口先生が解説。年齢・性別・種目を問わず、すべての子どもたちに役立つメソッドです！

将来を考えたカラダづくりが重要！

食事のポイント

スポーツをがんばるジュニアのカラダを支えるのは食事です。
成長期だからこそ意識したいポイントをしっかり押さえましょう。

POINT 1 食生活の習慣づけが大切です。

食習慣の形成は、離乳後すぐに始まり、小学生でほぼ完成します。そのため、小学生の頃までは、保護者の役割がとても重要といえるでしょう。いったん食習慣ができ上がってしまうと、変えるのはなかなか難しくなります。ですから、まずは「何を食べるべきか」という食事内容ではなく、「朝食を抜かない」「1日3食きちんと食べる」という基本的な食習慣を身につけさせることが重要です。

POINT 2 食事量と内容は成長を第一に考えて。

食事量や内容を考えるときの大原則は、子どもの成長を妨げないこと。消費したエネルギーの補給だけでなく、カラダづくりに必要な栄養素もしっかりとることが重要です。さまざまな食材から栄養をとり入れることができるように、好き嫌いは早いうちになくしましょう。適切な食事がとれているかどうかは、食事量は成長状態から、食事内容は体調やカラダの動きから判断してください。

POINT 3 補食を上手に利用しよう。

3食きちんと食べているのに、「体重がなかなか増えない」「疲れて力を発揮できない」「けがや故障が多い」という状態なら、食事量が足りていない可能性があります。消費した分の補給だけでは足りないので、補食をとり入れましょう。チョコレートやスナック菓子などではなく、おにぎりやサンドイッチ、バナナなど食事の補助になるものがおすすめです。詳しくは70ページを参照。

POINT 4 子どもが自分で準備できるように。

中学生の頃までに、正しい食事のとり方や栄養の知識を身につけさせることは、子どもの将来に役立ちます。子ども自身が自分に必要な食事を覚えること。さらに、自分で食事の準備ができるようになれば、親が忙しくて食事の準備をできないときでも、ジュニアアスリートにふさわしい食事をとることができます。まずは、食事や買い物の手伝いをさせたり、食べ物が健康に与える影響などについて話したりすることから始めてみましょう。

ベストバランスを覚えよう!

食事の基本型

ジュニア期の食事は、栄養が偏らないことが大切。
毎食5つのカテゴリーをそろえれば、栄養バランスのいい食事をとることができます。

スポーツする子どもたちが栄養をバランスよくとるために、ぜひ覚えてほしいのが「食事の基本型」です。①エネルギー源となるご飯やパンなどの「主食」、②たんぱく質源となる肉や魚などの「主菜」、③ビタミンやミネラルの補給源となる「副菜」、そこに毎食④牛乳・乳製品、⑤果物を組み合わせれば、簡単に栄養バランスを整えることができます。そして、この「食事の基本型」は、年齢・性別・種目を問わず、スポーツするすべての人が活用することが可能です。

カレーライスや鍋焼きうどんなどは「複合型」のメニューで、主食・主菜・副菜を兼ね備えていると考えます。コンビニで買う場合も「食事の基本型」を意識して選ぶと、栄養バランスを整えやすくなります。

まずは今の食事がどんなバランスになっているか、親子で一緒に見直してみましょう。

主菜

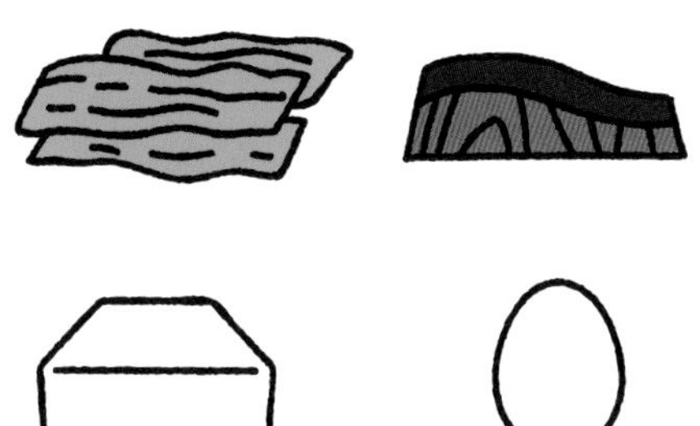

肉・魚・卵・豆腐など、たんぱく質を多く含む食品を使ったメインのおかず。筋肉の材料になるので、毎食必ずとりましょう。脂肪の多い肉や揚げ物のとり過ぎには注意して。

牛乳・乳製品

牛乳・チーズ・ヨーグルトなどの乳製品は、カルシウム・たんぱく質・ビタミン B_2 が豊富。強いカラダづくりのため、毎食１種類は意識してとりましょう。

[栄養素の役割]

糖質（炭水化物）
カラダを動かすためのエネルギー源。

たんぱく質
筋肉や骨などカラダをつくるための材料。

脂質
効率のいいエネルギー源。量や質に注意。

ビタミン・ミネラル
エネルギー・カラダづくりをサポート。

主食

ご飯・パン・うどん・パスタ・もちなど、糖質を多くふくむ食材。運動中のエネルギー源になるので、まずはしっかり食べて。練習量が多くなる場合は、主食の量を増やしましょう。

副菜

野菜・いも・海藻・きのこ・豆類など、ビタミンやミネラル、食物繊維を含む食品を使った小さなおかずや汁物。毎食２〜３品とると栄養バランスがよくなり、体調が整います。

果物

かんきつ類やいちご、キウイはビタミンC、バナナは糖質を補給できるので、旬の果物を毎食何か１種類はプラスしましょう。

効率よく栄養補給できる

食事のタイミング

食事は規則正しく食べるのが鉄則。1日の食事のタイミングと、
それぞれの食事のポイントを参考にして、ぜひ実践してみてください。

1日の活動を始める ウォーミングアップの食事。

体温を高め、カラダを目覚めさせるための食事なので、絶対に抜かないようにしましょう。忙しい朝でも手間なく準備できるように、簡単につくれる料理や食品を組み合わせて。作り置きを活用するのもおすすめです。

昼食

朝食

昼食

練習に備えた エネルギー確保のための食事。

午後の練習のエネルギー源となるように、ご飯をしっかりと食べ、肉や野菜も不足しないようにしましょう。コンビニで買う場合も同様です。食べてすぐに練習が始まる場合は、胃もたれしないように消化のいいものを選んで。

水分

水分補給も大事！

練習中は水やお茶などでこまめに水分補給をし、熱中症の予防を。発汗量が多いときは、糖分と塩分を含むスポーツドリンクにしてもOK。甘いジュースや炭酸飲料は避けて。

補食

糖質やビタミンの補給に。

食事だけではとりきれない糖質やたんぱく質、ビタミンなどは、補食として補いましょう。必要に応じて、早朝や練習前後など、食事と食事の間に食べてください。

夕食

水分

補食

夕食

疲労回復＆明日への準備をするための食事。

練習後はなるべく早く、バランスのいい食事をとりましょう。たくさん練習したら食事量も増やし、疲れて食欲のないときは、調理法や味つけを工夫して。作り置きを活用すると、品数を増やして足りない栄養をプラスすることができます。

まずは成長が第一

食事量の考え方

成長を妨げずにスポーツを続けるためには、どのくらい食べればいいのでしょうか。ジュニア期の食事量の決め方を知っておきましょう。

☑成長状態をCHECK!

＋

☑コンディションをCHECK!

食事量や内容を見直そう!

ジュニア期は成長に個人差があり、年齢や競技によって練習量も異なるため、食事量を決めるのが難しいといえます。ですから、エネルギー消費量や食事のエネルギー量を細かく計算する必要はありません。

その代わりに行ってほしいのが、身長と体重のチェック。毎日、同じタイミングでカラダの変化をチェックすると、食事量や内容をどうすべきかが見えてきます。例えば、甘いものを食べ過ぎれば体重や体脂肪が増加し、栄養が足りなければ体重や体脂肪が減り、コンディションも悪くなります。ですから、食事のバランスや品数は「食事の基本型」をベースにし、成長や体調を見ながら調整するのがベストです。ただし、ジュニア期はスポーツで消費した分の補給だけではなく、成長のための栄養素量も上乗せして考えましょう。

また、楽しくカラダを動かし、おいしく食事が食べられることは、健全な成長につながるので、そういった環境づくりも大切にしてください。

PART2
お悩み解決レシピ

スポーツをがんばる子どもたちの食事の悩みを田口先生が解決！番組に登場したジュニアアスリートたちの質問に答えながら、悩みを解決してくれるレシピを紹介します。共通する悩みをチェックして、ぜひ参考にしてみてください。食事量は体重の変化を目安にしながら、トレーニング内容に合わせて調整しましょう。

- 1カップは200ml、大さじ1は15ml、小さじ1は5mlです。
- 電子レンジは機種によって加熱具合に差があります。様子を見ながら時間を加減してください。
- 気温が高い日のお弁当や補食は、保冷剤を入れるなど衛生面に注意してください。

強いカラダをつくる献立アイデア

悩み1

何を食べたら強くなれる？

夕食 ぐんぐんパワーがつく献立

牛乳

主菜 ＋ 副菜
牛肉とたっぷり野菜の甘辛炒め

果物
キウイ

副菜
小松菜とツナのナムル

主食

副菜
豆腐とわかめのスープ

子どもの悩み

Q「もっとパワーをつけたいのですが、どんなものを食べるといいですか？」
（小学5年男子・バレーボール）

A「成長期にはたくさん食べてしっかりとしたカラダづくりを！」

パワーをつけるために心がけたいのは、バランスよくたくさん食べることです。練習で使ったエネルギーを補うだけでなく、カラダを成長させるための栄養もしっかりとりましょう。

特に意識したいのは、たんぱく質をとること。たんぱく質は肉や魚、卵だけではなく、豆腐や納豆などの大豆製品にも含まれているので、これらも積極的にとり入れましょう。ビタミンやミネラルの多い野菜や海藻も、忘れずに食べてくださいね。

POINT

牛肉を豚肉に変えてもOK。薄切り肉を使えば手早くできます。

主菜 + 副菜

牛肉とたっぷり野菜の甘辛炒め

甘辛い味つけだから、肉も野菜もペロリと食べられます。

材料（1人分）

牛もも薄切り肉 … 100g

A
- にんにくのすりおろし … 1/4かけ分
- コチュジャン・しょうゆ … 各小さじ1
- 砂糖 … 小さじ1/4

キャベツ … 1枚

玉ねぎ … 1/8個

赤パプリカ … 1/4個

にんじん … 20g

B
- 水 … 大さじ2
- 酒 … 大さじ1

つくり方

1. 牛肉はひと口大に切る。ポリ袋に**A**を入れて混ぜ、牛肉を加えてもみ込む。
2. キャベツはひと口大に切る。玉ねぎは縦に薄切りにする。パプリカはヘタと種を取って縦に細切りにする。にんじんは皮をむいて短冊切りにする。
3. フライパンにキャベツ、玉ねぎ、パプリカ、にんじんの順に入れ、①をのせる。**B**を回し入れてふたをし、中火で10分ほど蒸し焼きにする。ふたを取り、汁けがなくなるまで炒めて器に盛る。

POINT

小松菜は鉄とカルシウムが豊富。ツナは常備しておくと便利！

副菜

小松菜とツナのナムル

ツナを加えると、苦手な青菜も食べやすくなります。

材料（1人分）

小松菜 … 50g
ツナ水煮缶 … 30g
A ごま油 … 小さじ1/2
　いり白ごま・しょうゆ・塩 … 各少々

つくり方

1. 鍋に湯を沸かし、塩少々（分量外）を入れて小松菜をゆでる。冷水にさらして水けを絞り、4cm長さに切る。
2. ボウルに**A**を入れて混ぜ、①とツナを加えてあえ、器に盛る。

POINT

戻さずに使えるカットわかめを、ミネラルの補給に活用して。

副菜

豆腐とわかめのスープ

豆腐やわかめを加えて具だくさんにすれば、汁物が立派な副菜に。

材料（1人分）

絹ごし豆腐 … 1/3丁
ねぎ … 1/8本
だし汁 … 1カップ
カットわかめ（乾燥） … ひとつまみ
うす口しょうゆ … 小さじ1/4

つくり方

1. 豆腐は1.5cm角に切る。ねぎは小口切りにする。
2. 小鍋にだし汁を入れて中火で熱し、煮立ったら①とわかめを加える。3分ほど煮てうす口しょうゆを加え、器に盛る。

こんな主菜もおすすめ!

POINT

カットトマトや大豆水煮は、常備しておけば忙しいときの強い味方に。

主菜

チキンと大豆のトマト煮込み

鶏肉と大豆でたんぱく質をしっかり確保。作り置きもできます。

材料(1人分)

鶏もも肉 … 100g
塩・こしょう … 各少々
玉ねぎ … 1/8個
にんにく … 1/4かけ
オリーブオイル … 小さじ1
A ┌ カットトマト缶 … 200g
　│ 大豆水煮 … 50g
　└ 顆粒コンソメスープの素 … 小さじ2/3
好みでパセリのみじん切り … 少々

つくり方

1. 鶏肉はひと口大に切り、塩とこしょうをふる。玉ねぎは3cm角に切る。にんにくは薄切りにする。
2. 鍋にオリーブオイルとにんにくを弱火で熱し、香りが出てきたら中火にして鶏肉を炒める。表面の色が変わったら、玉ねぎを加えてさっと炒め、**A**を加える。
3. 煮立ったら弱めの中火にしてふたをし、ときどき混ぜながら10分ほど煮る。器に盛り、好みでパセリを散らす。

悩み2

練習後の食事で大切なのは？

夕食 けがや故障を予防するための献立

牛乳

主菜＋副菜
豚肉ときくらげのオイスターソース炒め

副菜
海藻とトマトの和風サラダ

主食
しらすご飯

副菜
野菜たっぷりかき玉汁

果物
オレンジ

子どもの悩み

Q「けがや故障をしないカラダをつくるには、どうすればいいですか？」
（中学2年女子・体操）

A「質の高い食事の積み重ねが強いカラダにつながります」

体操は筋肉や腱、靭帯などに負荷がかかりやすいスポーツです。そのため、練習後の食事は、疲労した筋肉などの回復に役立つ栄養素を、きちんととることが重要となります。

特にカルシウムは、骨に必要なだけでなく、神経伝達や筋収縮にも関係します。また、腱や靭帯をつくるためには、ビタミンCが欠かせません。そのほかのミネラルやビタミンも体調を整えるために大切なので、意識してとりましょう。

POINT

きくらげは骨づくりに役立つカルシウムとビタミンDの宝庫。

主菜 + 副菜

豚肉ときくらげのオイスターソース炒め

オイスターソースが味の決め手。コクと香りで食欲倍増！

材料（1人分）

きくらげ（乾燥）… ひとつまみ
豚ロース薄切り肉 … 100g
塩・こしょう … 各少々
ピーマン … 2個
サラダ油 … 小さじ1
A［ オイスターソース・酒 … 各小さじ2

つくり方

1. きくらげはたっぷりの水につけて戻し、石づきがついていれば切る。豚肉はひと口大に切り、塩とこしょうをふる。ピーマンはヘタと種を取って乱切りにする。
2. フライパンにサラダ油を中火で熱し、豚肉を炒める。肉に火が通ったら、きくらげとピーマンを加えてさらに炒める。ピーマンがややしんなりとなったら、**A**を加えて炒め合わせ、器に盛る。

副菜

海藻とトマトの和風サラダ

体調維持に必要なビタミンとミネラルを一緒にとれるサラダ。

材料（1人分）

海藻ミックス（乾燥）… 2つまみ
水菜 … 30g
ミニトマト … 2個
青じそレッシング（市販）… 小さじ2

つくり方

1. 海藻ミックスはたっぷりの水で戻し、水けをきる。水菜は4cm長さに切る。ミニトマトはヘタを取って縦半分に切る。
2. 器に①を盛り、ドレッシングをかける。

副菜

野菜たっぷりかき玉汁

とろみをつけて、野菜を食べやすく。

材料（1人分）

キャベツ … 1/2枚
にんじん … 10g
生しいたけ … 1個
卵 … 1個
A［水 … 1カップ
　 顆粒鶏がらスープの素 … 小さじ1
　 うす口しょうゆ … 小さじ1/2］
B［水 … 小さじ2
　 片栗粉 … 小さじ1］

つくり方

1. キャベツは1cm幅に切る。にんじんは皮をむいて短冊切りにする。しいたけは軸を取って薄切りにする。小さめの器に卵を割りほぐす。
2. 小鍋に**A**とにんじんを入れて中火で熱し、煮立ったらキャベツとしいたけを加えて3分ほど煮る。
3. 混ぜ合わせた**B**を入れて混ぜ、とろみがついたら溶き卵を回し入れて火を通し、器に盛る。

主食

しらすご飯

しらす、ごま、青のりをのせて骨を丈夫に！

材料（1人分）

温かいごはん … 茶碗1杯分（150g）

A［ しらす干し … 大さじ1 ／ いり白ごま・青のり … 各少々 ］

つくり方

器にご飯を盛り、**A**をのせる。

POINT

牛乳や乳製品以外からも積極的にカルシウムをとりましょう。

こんな副菜もおすすめ！

副菜

トマトとモッツァレラのサラダ

あと1品欲しいときに、ささっと準備できる簡単メニュー。

材料（1人分）

トマト … 1/2個

モッツァレラチーズ … 1/2個

オリーブオイル … 小さじ1/2

塩・粗びき黒こしょう … 各少々

好みでバジル … 少々

つくり方

1. トマトはヘタを取って半月切りにする。モッツァレラチーズは半月切りにする。
2. 器にトマトとモッツァレラチーズを交互に盛り、オリーブオイルをかける。塩と粗びき黒こしょうをふり、好みでバジルをのせる。

POINT

トマトはビタミンC、モッツァレラチーズはカルシウムの補給に。

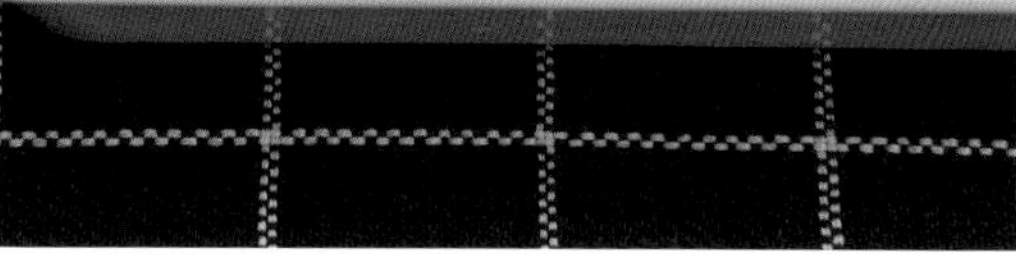

悩み3

大きくなるための夕食は？

夕食 安定感のあるカラダをつくる献立

果物
ぶどう

主菜
鶏むね肉のレモンソテー

牛乳

副菜
コーンとアスパラのポテトサラダ

主食 + 副菜
ほうれん草と温玉の冷やしうどん

子どもの悩み

Q「カラダを大きくしたいのですが、練習後、夕食が遅くなったときは何を食べるといいですか？」
（小学3年男子・柔道）

A「夕食が遅くても良質なたんぱく質と糖質を！」

柔道は寝技や投げ技など相手との接触が多い競技です。衝撃に負けない強いカラダをつくるためには、日々の稽古の後、たんぱく質と糖質を含む食事をしっかり食べて、疲れを速やかに回復させましょう。

夜の練習後、夕食が遅くなってしまったときには、鶏むね肉やうどんなど脂質の少ない食材を使った、消化のいいメニューがおすすめ。うどんにのせる具材は、ビタミンやミネラルが補給できるものを選ぶのがポイントです。

POINT

鶏むね肉は加熱しすぎに注意。さっと蒸し焼きにしてパサつきを防いで。

主菜

鶏むね肉のレモンソテー

レモンのさっぱりとした風味が、疲れたカラダにぴったり！

材料（1人分）

鶏むね肉 … 100g
塩・こしょう … 各少々
レモン … 1/4個
オリーブオイル … 小さじ1
リーフミックス … 30g
ミニトマト（へたを取る） … 2個

つくり方

1. 鶏肉は塩とこしょうをふる。レモンは薄い半月切りにする。
2. フライパンにオリーブオイルを中火で熱し、鶏肉を両面焼く。焼き色がついたら、水大さじ2（分量外）を入れ、ふたをして弱めの中火にし、蒸し焼きにする。水けがなくなったらレモンを加え、レモンがしんなりとなるまで炒める。
3. 鶏肉を食べやすい大きさに切って器に盛り、リーフミックスとミニトマトを添える。

柔道100キロ超級
リオ五輪銀メダリスト
原沢久喜さん

「子どもの頃はあまり大きくなかったのですが、たくさん食べて大きくなりました。好き嫌いをせずにいっぱい食べることが大事ですね」
（アスリート・インフィニティ #58放送）

主食 + 副菜

ほうれん草と温玉の冷やしうどん

夕食が遅いときは、消化のいいうどんを主食にしても。

材料（1人分）

ほうれん草 … 50g
ラディッシュ … 1個
ゆでうどん … 1玉
めんつゆ（ストレート）… 3/4カップ
温泉卵 … 1個

つくり方

1. 鍋に湯を沸かし、塩少々（分量外）を入れてほうれん草をゆでる。冷水にさらして水けを絞り、4cm長さに切る。ラディッシュは葉を切って薄い輪切りにする。
2. 鍋に湯を沸かしてうどんをゆで、冷水にさらして水けをしっかりときる。
3. 器に②を入れ、めんつゆを注ぐ。①をのせ、温泉卵を割り入れる。

副菜

コーンとアスパラのポテトサラダ

1人分のポテトサラダは、電子レンジにおまかせ！

材料（1人分）

じゃがいも … 中1個
グリーンアスパラガス … 1本
ハム … 1枚
A ホールコーン缶 … 大さじ1
A マヨネーズ … 大さじ2
A 塩 … 少々

つくり方

1. じゃがいもは皮をむいてひと口大に切る。耐熱ボウルに入れてラップをかけ、電子レンジ（600W）で4分ほど加熱する。熱いうちにフォークでつぶす。
2. アスパラガスは根元を切り、堅い薄皮をピーラーでむいて1cm幅に切る。ラップで包み、電子レンジ（600W）で30秒ほど加熱する。ハムは1cm角に切る。
3. ①のボウルに②と**A**を加えて混ぜ合わせ、器に盛る。

こんな主菜もおすすめ！

POINT

鶏むね肉はそぎ切りにすると柔らかく仕上がります。

主菜

鶏むね肉の焼きから揚げ

から揚げを食べたいけれど、脂質を控えたいときはこれ！

材料（1人分）

鶏むね肉 … 100g

A
- しょうがのすりおろし … 1/4かけ分
- しょうゆ … 小さじ1
- みりん … 小さじ1/2

片栗粉・サラダ油 … 各大さじ1

水菜のざく切り … 30g

レモンのくし形切り … 1切れ

つくり方

1. 鶏肉は1cm厚さのそぎ切りにし、ひと口大に切る。
2. ポリ袋に**A**を入れて混ぜ、鶏肉を加えてもみ込み、冷蔵庫に入れて15分ほどおく。
3. ②の汁けをきり、片栗粉を薄くまぶす。フライパンにサラダ油を中火で熱し、両面がきつね色になるまで焼く。器に盛り、水菜とレモンを添える。

成長期は何を食べるべき？

夕食 成長期をサポートする献立

乳製品＋果物
ベリーヨーグルト

主菜
かつおのたたきサラダ

副菜
ほうれん草とにんじんのごまあえ

主食
あさりとひじきの簡単炊き込みご飯

副菜
かぼちゃと油揚げのみそ汁

子どもの悩み

Q「身長がどんどん伸びるこの時期は、特に何を食べるといいですか？」
（小学6年男子・バレーボール）

A「成長期には不足しがちなミネラルをしっかりとって」

成長期の男子は、小学校高学年から中学校にかけて急激に身長が伸びます。この大事な時期に筋肉も発達させるためには、栄養たっぷりの質の高い食事が必要です。

特に大切なのは、鉄とカルシウム。不足すると疲れやだるさなどが続く貧血の症状が出たり、成長に影響したりすることもあるので、日頃から貝類や緑黄色野菜、大豆製品、ひじき、ごまなど、ミネラルを多く含む食材を意識してとりましょう。

POINT

野菜は好みのものでOK。色の濃い緑黄色野菜がおすすめです。

主菜

かつおのたたきサラダ

鉄が豊富なかつおのたたきに、香りのいい野菜をプラス。

材料（1人分）

豆苗 … 20g
青じそ … 2枚
ラディッシュ … 1個
かつおのたたき … 100g
しょうがのすりおろし … 1/3かけ分
ポン酢しょうゆ（市販）… 大さじ1

つくり方

1. 豆苗は3cm長さに切る。青じそはせん切りにする。ラディッシュは葉を切って薄い輪切りにする。
2. 器に豆苗、かつおの順に盛り、青じそとラディッシュをのせる。しょうがをのせ、ポン酢しょうゆをかける。

副菜

ほうれん草とにんじんのごまあえ

色鮮やかで食欲をそそる緑黄色野菜を組み合わせて。

材料(1人分)

ほうれん草 … 50g
にんじん … 10g
A すり白ごま … 大さじ1/2
　砂糖 … 小さじ1/4
　しょうゆ・塩 … 各少々

つくり方

1. 鍋に湯を沸かして塩少々(分量外)を入れ、ほうれん草をゆでる。冷水にさらして水けを絞り、4cm長さに切る。
2. にんじんは皮をむいてせん切りにする。ラップで包み、電子レンジ(600W)で30秒ほど加熱する。
3. ボウルに**A**を入れて混ぜ、①と②を加えてあえ、器に盛る。

POINT
ごまあえはカルシウム強化に積極的に取り入れたい料理です。

副菜

かぼちゃと油揚げのみそ汁

かぼちゃのほっくりとした食感と、自然な甘みを味わって。

材料(1人分)

油揚げ … 1/3枚
かぼちゃ … 80g
だし汁 … 1カップ
みそ … 小さじ2

つくり方

1. 油揚げは熱湯をかけて油抜きし、幅1cmに切る。かぼちゃは種とワタを取ってひと口大に切る。
2. 小鍋にだし汁を入れて中火で熱し、煮立ったら①を加えて煮る。かぼちゃに火が通ったら火を止め、みそを溶き混ぜて器に盛る。

POINT
かぼちゃはビタミンAが豊富で免疫力アップに。

主食

あさりとひじきの簡単炊き込みご飯

あさりとひじきの鉄がたっぷり。缶汁も使うのがおいしさのコツ。

POINT

あさりの水煮は、殻つきよりも効率よく鉄をとることができます。

材料（4人分）

米 … 2合
芽ひじき（乾燥）… 5g
しょうが … 1かけ
あさり水煮缶 … 1缶（130g）
A［酒 … 大さじ1
　うす口しょうゆ … 小さじ1

つくり方

1. 米は水で洗い、たっぷりの水に約30分浸して水けをきる。
2. ひじきはたっぷりの水で戻し、水けをきる。しょうがは皮をむいてせん切りにする。あさりは身と缶汁を分ける。
3. 炊飯器に米、あさりの缶汁、**A**を入れ、2合の目盛りまで水（分量外）を加える。ひじき、しょうが、あさりを加えて軽く混ぜ、通常通りに炊く。炊き上がったら、全体を混ぜ、器に盛る。

こんな主食もおすすめ！

主食

さば缶の簡単炊き込みご飯

カルシウムたっぷりのさば缶でも同様に、簡単炊き込みご飯ができる！

材料（4人分）

米 … 2合
にんじん … 1/5本
しょうが … 1/2かけ
さば水煮缶
　… 1缶（150g）
A［酒 … 大さじ1
　しょうゆ … 小さじ2

つくり方

1. 米は水で洗い、たっぷりの水に約30分浸して水けをきる。
2. にんじんとしょうがは皮をむき、せん切りにする。さばは身と缶汁に分ける。
3. 炊飯器に米、さばの缶汁、**A**を入れ、2合の目盛りまで水（分量外）を加える。にんじん、しょうが、さばを加えて軽く混ぜ、通常通りに炊く。炊き上がったら、全体を混ぜ、器に盛る。

POINT

さば缶はカルシウムと、カルシウムの吸収を助けるビタミンDが豊富。

貧血を予防するためには？

昼食 貧血を防ぐスタミナ焼き肉弁当

副菜
さつまいものレモン煮

副菜
小松菜のベーコン炒め

乳製品
キャンディチーズ（市販品）

果物
いちご

主菜 ＋ 副菜 ＋ 主食
牛肉と野菜の焼き肉のせご飯

子どもの悩み

Q「好き嫌いなくバランスよく食べているつもりなのですが、貧血気味で困っています」

（中学1年女子・バスケットボール）

A「体格の大きい人は、意識してたくさん食べましょう！」

体格がよくなると、消費する量も多くなるため、意識して栄養を摂取しないと男女問わず貧血になりやすくなります。そこでおすすめしたいのが、昼食のお弁当の増量です。

お弁当のご飯にしっかり味つけしたおかずをのせると、ご飯がたっぷり食べられます。副菜は鉄を多く含む緑黄色野菜を中心に、糖質が豊富ないも類を加えるといいでしょう。さらに補食でおにぎりや乳製品をプラスすれば、必要な栄養素を補えます。

主菜 ＋ 副菜

牛肉と野菜の焼き肉

たれの味が食欲をそそる焼き肉を、ご飯に敷き詰めてどんぶり風に。

POINT

牛肉は鉄たっぷり。野菜は好みのものに変えてもOKです。

材料（1人分）

牛もも薄切り肉 … 80g
玉ねぎ … 1/8個
にんじん … 20g
ピーマン … 1個
サラダ油 … 小さじ1
焼き肉のたれ … 小さじ2
いり白ごま … 少々

つくり方

1. 牛肉はひと口大に切る。玉ねぎは縦に薄切りにする。にんじんは皮をむいて短冊切りにする。ピーマンはヘタと種を取って縦に細切りにする。
2. フライパンにサラダ油を中火で熱し、牛肉、玉ねぎ、にんじんを炒める。肉に火が通ったら、ピーマンを加えてさっと炒め、焼き肉のたれを加えて汁けが少なくなるまで炒め、白ごまをふる。

※お弁当箱に入れるときは、ご飯150〜200gを詰めて焼き肉をのせる。

バスケットボール
JX-ENEOS
サンフラワーズ
渡嘉敷来夢さん

「貧血気味のときに、牛乳をたくさん飲んだり、鉄はどんな食材に多く入っているのか調べたりして改善しました」

（アスリート・インフィニティ#31放送）

POINT
糖質の多いさつまいもは、エネルギーをとりたいときに役立ちます。

副菜

さつまいものレモン煮

レモンの酸味がさつまいもの甘みをぐっと引き立てます。

材料（1人分）

さつまいも（細め）… 50g

A
- 水 … 大さじ2
- レモン汁 … 小さじ1
- 砂糖 … 小さじ1

つくり方

1. さつまいもは1cm厚さの輪切りにし、水に5分ほどさらして水けをきる。
2. 耐熱ボウルに**A**を入れて混ぜ、①を加える。ラップをかけ、電子レンジ（600W）で2分ほど加熱する。汁に浸したまま粗熱を取る。

POINT
小松菜は栄養価が高く、下ゆでせずに使えるのが魅力。

副菜

小松菜のベーコン炒め

ベーコンのうまみが小松菜になじむと食べやすくなります。

材料（1人分）

小松菜 … 50g
ベーコン（薄切り）… 1枚
オリーブオイル … 小さじ1
塩 … 少々

つくり方

1. 小松菜は4cm長さに切る。ベーコンは1cm幅に切る。
2. フライパンにオリーブオイルを中火で熱し、ベーコンをさっと炒める。小松菜を加えて炒め合わせ、塩で味を調える。

こんな副菜もおすすめ！

POINT
かぼちゃとレーズンは糖質が多く、エネルギー補給にぴったり。

副菜

かぼちゃサラダ

粗くつぶすと味のからみがよくなります。

材料（1人分）

かぼちゃ … 80g

A
- マヨネーズ … 小さじ2
- 砂糖 … 小さじ1
- 塩 … 少々

レーズン … 10粒

つくり方

1. かぼちゃは種とワタを取って小さめのひと口大に切る。
2. 耐熱ボウルに①を入れ、ラップをかけて電子レンジ（600W）で1分30秒ほど加熱する。フォークで粗めにつぶし、粗熱をとる。
3. 別のボウルに**A**を入れて混ぜ、②とレーズンを加えてさっくりとあえる。

副菜

がんもと野菜のうま煮

味がしみているから、冷めてもおいしい！

材料（1人分）

がんもどき（小）… 3個
にんじん … 1/5本
きぬさや … 3枚
水 … 1/2カップ
A［しょうゆ・みりん … 各小さじ1

POINT
少し汁けがあるので、アルミカップなどに入れましょう。

つくり方

1. がんもどきは熱湯をかけて油抜きする。にんじんは皮をむいて小さめの乱切りにする。きぬさやはヘタと筋を取る。
2. 小鍋に水とにんじんを入れて中火で熱し、煮立ったらふたをする。にんじんに火が通ったら、がんもどきと**A**を加える。3分ほど煮たらきぬさやを加え、さっと煮る。

悩み6

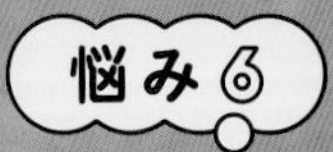

栄養補給しやすいお弁当って？

昼食 外でパッと食べやすい トルティーヤサンド弁当

牛乳

果物

バナナ

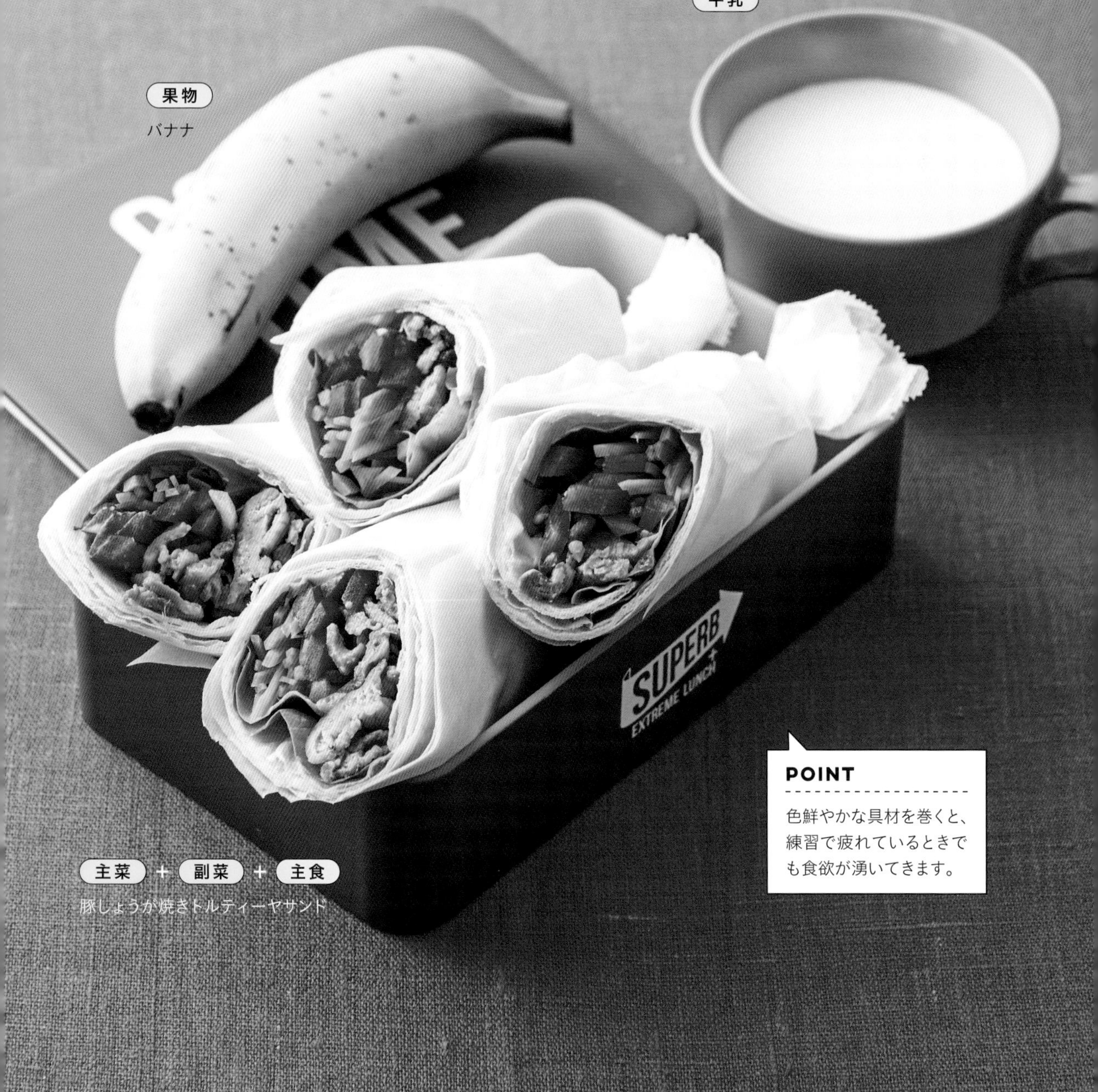

POINT

色鮮やかな具材を巻くと、練習で疲れているときでも食欲が湧いてきます。

主菜 ＋ 副菜 ＋ 主食

豚しょうが焼きトルティーヤサンド

子どもの悩み

Q「砂浜で試合があるのですが、お弁当が食べづらくて困っています」（中学1年男子・ビーチサッカー）

A「屋外でも手軽に食べられるお弁当を！」

屋外で練習や試合がある日の昼食は、箸やフォークを使わずに手に持って食べられるお弁当を持っていきましょう。

サンドイッチは具を工夫することで、1品で必要な栄養素をとることができます。肉と野菜を市販のトルティーヤで巻いたトルティーヤサンドは、特に手軽にできるのでおすすめです。1切れずつ包めば衛生面でも安心。都合のよい時間にパッと栄養補給できますよ。

主菜 ＋ 副菜 ＋ 主食

豚しょうが焼きトルティーヤサンド

手を汚さずに栄養補給。おかずと主食が一緒に食べられます。

材料（1人分）

豚ロース薄切り肉 … 100g

A
- しょうがのすりおろし … 1/3かけ分
- しょうゆ … 小さじ1
- みりん … 小さじ2/3

サラダ油 … 小さじ1
赤パプリカ … 1/4個
にんじん … 1/4本
トルティーヤ（市販） … 大2枚
サラダ菜 … 4枚
マヨネーズ … 大さじ1

つくり方

1. 豚肉は2cm幅に切る。ポリ袋に**A**を入れて混ぜ、豚肉を加えてもみ込む。フライパンにサラダ油を中火で熱し、豚肉をたれごと入れて炒め、取り出して粗熱を取る。
2. パプリカはヘタと種を取って縦に細切りにする。にんじんは皮をむいてせん切りにする。
3. トルティーヤをラップで包み、電子レンジ（600W）で20秒ほど加熱する。
4. ワックスペーパーにトルティーヤ1枚をのせ、中央にサラダ菜2枚を敷き、①と②を1/2量ずつのせてマヨネーズ1/2量をかける。手前からくるりと巻き、ペーパーの両端をねじる。残りも同様にする。ペーパーに包んだまま斜め半分に切り、お弁当箱に入れる。

ワックスペーパーは防水性が高いので、手を汚さず食べられます。ポリ袋などに入れて持っていけば、お弁当箱いらずです。

ワックスペーパーがない場合は、1切れずつラップで包んで。

悩み7

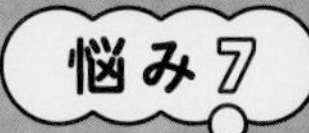

練習の合間に食べるお弁当は？

昼食　休日練習でバテない太巻き弁当

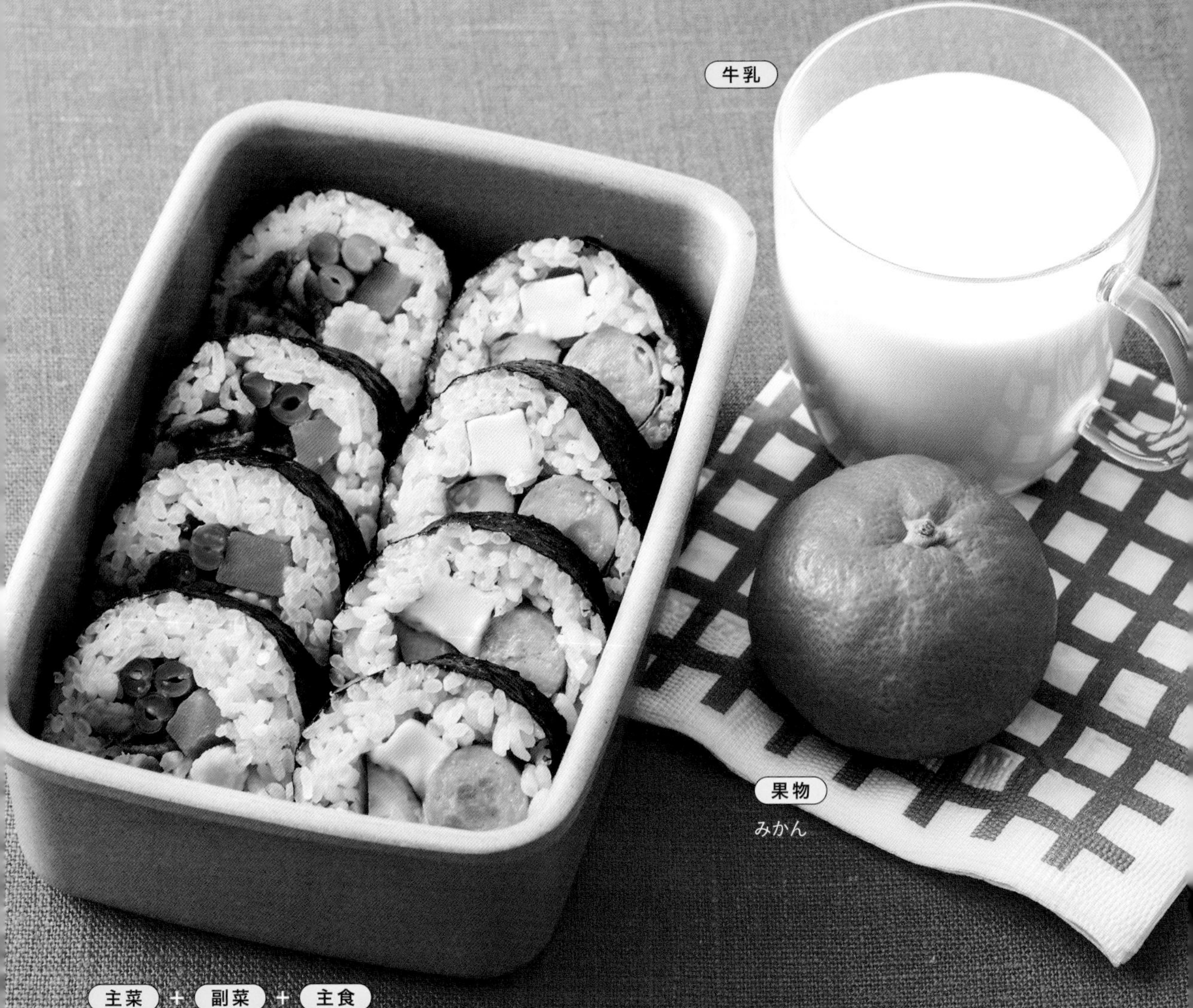

牛乳

果物
みかん

主菜 ＋ 副菜 ＋ 主食

ソーセージ＆チーズの太巻き
甘辛豚肉＆野菜の太巻き

＼子どもの悩み／

Q「午前と午後に練習がある場合、昼食には何を食べるといいですか？」（小学6年男子・ハンドボール）

A「運動量が多い日のお弁当は、食べやすい糖質中心に！」

休日練習がある日の昼食は、午前中に消耗した栄養を十分に補い、午後の練習でバテないようにしっかり食べることが重要。成長期なら茶碗2～3杯のご飯をとりたいものです。

そこでおすすめしたいのが太巻き弁当。太巻き1本のご飯の量はおよそ茶碗1杯分なので、2～3本を持っていくとちょうどいい量です。昼食に食べ切れなくても、補食に回すことができます。具材には肉や野菜など色々な食材を取り入れて、彩りよく仕上げましょう。

主菜 ＋ 副菜 ＋ 主食

甘辛豚肉＆野菜の太巻き

豚肉をメインにカラフルな野菜を組み合わせて。

材料（1本分）

豚ロース薄切り肉 … 50g
サラダ油 … 小さじ1
A［しょうゆ・みりん … 各小さじ2/3
さやいんげん … 3本
にんじん … 20g
焼のり（全形）… 1枚
温かいご飯 … 150g
ヤングコーン水煮 … 2本

POINT
手前からきっちり巻くと、具とご飯がまとまって食べやすくなります。

つくり方

1. 豚肉は2cm幅に切る。フライパンにサラダ油を中火で熱し、豚肉を炒める。火が通ったら**A**を加え、汁けがなくなるまで炒めて取り出し、粗熱を取る。
2. いんげんはヘタを切る。にんじんは皮をむいて棒状に切る。鍋に湯を沸かし、いんげんとにんじんをゆでる。
3. 巻きす（またはラップ）にのりを置く。巻き始めと巻き終わりを2cmずつあけ、ご飯を薄く広げる。手前に①、②、ヤングコーンをのせ、手前からくるくると巻いて食べやすい大きさに切る。

主菜 ＋ 副菜 ＋ 主食

ソーセージ＆チーズの太巻き

下ごしらえ不要の具材で、簡単につくれるのが魅力。

材料（1本分）

ウインナーソーセージ … 2本
プロセスチーズ … 20g
きゅうり … 1/4本
サラダ菜 … 2枚
焼のり（全形）… 1枚
温かいご飯 … 150g

POINT
塩けのある具材が入っているので、味つけはいりません。

つくり方

1. 小鍋に湯を沸かし、ソーセージをゆでる。チーズときゅうりは棒状に切る。
2. 巻きす（またはラップ）にのりを置く。巻き始めと巻き終わりを2cmずつあけ、ご飯を薄く広げる。手前にサラダ菜を敷いてソーセージを並べ、チーズ、きゅうりをのせる。手前からくるくると巻いて食べやすい大きさに切る。

悩み8

朝食で骨を強くするには?

朝食 骨に必要な栄養がとれる献立

主菜 + 副菜
鮭のミネストローネ

乳製品 + 果物
キウイヨーグルト

主食
トースト

副菜
ゆで卵

＼子どもの悩み／

Q「疲労骨折を治すため、栄養をとらなければいけないのですが、朝は時間がなくてあまり食べられません」
(中学1年女子・バドミントン)

A「骨づくりに必要な栄養素がとれる食べ合わせを!」

成長期は骨をつくるのにとても大切な時期。まずはカルシウムと、カルシウムの吸収を良くするビタミンDをとることを心がけましょう。

カルシウムは牛乳やヨーグルトからとることができますが、ビタミンDは不足しがち。そんなときにおすすめしたいのが、鮭のミネストローネです。鮭はたんぱく質を多く含み、ビタミンDも豊富です。朝食のパンをスープにつければ食べやすく、時間短縮にもなりますよ。

POINT

大豆のたんぱく質とカルシウムもしっかりとれます。

主菜 ＋ 副菜

鮭のミネストローネ

主菜と副菜を兼ねたスープ。つくっておけば準備もラクラク。

材料（4人分）

- 生鮭 … 1切れ
- 玉ねぎ … 1/2個
- セロリ … 1/3本
- オリーブオイル … 小さじ2
- A
  - 水 … 2・1/2カップ
  - カットトマト缶 … 1缶（400g）
  - 大豆水煮 … 100g
  - 顆粒コンソメスープの素 … 大さじ1
- 塩・こしょう … 各少々
- 好みでパセリのみじん切り … 少々

つくり方

1. 鮭は骨と皮を取ってひと口大に切る。玉ねぎとセロリはみじん切りにする。
2. 鍋にオリーブオイルを中火で熱し、鮭の両面を焼いて粗めにほぐす。玉ねぎとセロリを加え、さっと炒める。
3. **A**を加え、煮立ったらふたをして弱めの中火で10分ほど煮る。塩とこしょうで味を調え、器に盛り、好みでパセリを散らす。

こんなメニューもおすすめ！

主菜 ＋ 副菜 ＋ 主食

ツナとトマトのチーズトースト

ゆっくり食べる時間がない朝には、のっけトーストがおすすめ。

材料（1人分）

- ミニトマト … 2個
- ピーマン … 1/3個
- 食パン（6枚切り） … 1枚
- トマトケチャップ … 小さじ2
- ツナ水煮缶 … 10g
- ピザ用チーズ … 20g

つくり方

1. ミニトマトはヘタを取って縦3等分に切る。ピーマンはヘタと種を取って薄い輪切りにする。
2. 食パンにケチャップを塗り、①とツナ、チーズをのせる。
3. オーブントースターで焼き色がつくまで焼く。

POINT

パンにのせる具材を準備しておけば、のせて焼くだけ！

少食でも食べられる朝食は？

朝食 少食を克服するための献立

果物
グレープフルーツ

牛乳

主食
ふりかけご飯

主菜＋副菜
落とし卵入り具だくさんみそ汁

子どもの悩み

Q「食が細いのが悩み。なんとかしたいです。」（小学6年男子・野球）

A「少食の克服もトレーニング次第！」

食べる量が全体的に少ないと、エネルギー、たんぱく質、ビタミンやミネラルなど、成長期のカラダづくりに必要な栄養素が不足してしまいます。そこで、まずは朝食を充実させることから改善していきましょう。

パンがメインでおかずや野菜が少ない食事では、必要な栄養素がとれないので、和食の朝食がおすすめ。みそ汁にたんぱく質を含む食材を入れて具を増やし、品数を増やさず中身を充実させましょう。出されたものを食べる努力をすることも大事です！

主菜 ＋ 副菜

落とし卵入り具だくさんみそ汁

卵と油揚げ、野菜がたっぷり。これがあればおかずはいりません。

材料（1人分）

油揚げ … 1/3枚
にんじん … 1cm
生しいたけ … 1個
小松菜 … 20g
だし汁 … 1カップ
卵 … 1個
みそ … 小さじ2

POINT

1品で栄養を充実させるなら、どんな具とも相性のいいみそ汁が便利。

つくり方

1. 油揚げは熱湯をかけて油抜きし、幅1cmに切る。にんじんは皮をむいて薄い半月切りにする。しいたけは軸を取って薄切りにする。小松菜は4cm長さに切る。
2. 小鍋にだし汁とにんじんを入れて中火で熱し、煮立ったら油揚げとしいたけを加える。再び煮立ったら卵を割り入れ、5分ほど煮る。小松菜を加え、2〜3分煮て火を止め、みそを溶き入れて器に盛る。

こんなメニューもおすすめ！

主菜 ＋ 副菜 ＋ 主食

卵と野菜の雑炊

消化吸収が早く、ワンボウルにたくさんの栄養が詰まっています。

POINT

品数が多いとプレッシャーを感じる、少食の子どもにおすすめ。

材料（1人分）

にんじん … 1cm
大根 … 1cm
まいたけ … 30g
だし汁 … 1・1/2カップ
温かいご飯 … 茶碗1杯分（150g）
しょうゆ … 小さじ1/2
溶き卵 … 1個分
塩 … 少々
好みで三つ葉 … 少々

つくり方

1. にんじんと大根は皮をむいてせん切りにする。まいたけは小房に分ける。
2. 鍋にだし汁とにんじん、大根を入れて中火で熱し、火が通ったらまいたけとご飯を加え、3分ほど煮る。
3. しょうゆを加えて混ぜ、溶き卵を回し入れて、ゆっくりとかき混ぜる。卵が半熟状になったら、塩で味を調える。器に盛り、好みで三つ葉をのせる。

悩み10

白いご飯が苦手なんです…

POINT

野菜は刻んで混ぜ込み、卵とチーズをプラスして栄養価アップ。

子どもの悩み

Q「カラダが小さいのが悩みですが、白いご飯が苦手でたくさん食べられません」（小学6年女子・空手）

A「まずは好きな料理や味つけで食事量を増やしましょう！」

ジュニアアスリートにとって、嫌いなものを減らすことは、食生活を豊かにするためにも大切です。食べられないものが多く、食事量が減ってしまうと、必要な栄養素が不足してしまいます。

白いご飯が苦手なら、味つきご飯にしてみてはいかがでしょう。また、主食を麺類にする方法もあります。まずは食べられるものから食事量を少しずつ増やしてみてください。ただし、食事のバランスは偏らないように心がけてくださいね。

モリモリ食べたくなる
簡単オムライス

ほんのり甘いケチャップライスで、苦手な白いご飯を食べやすく！

材料（1人分）

玉ねぎ … 1/8個
にんじん … 1/5本
さやいんげん … 3本
サラダ油 … 大さじ1
鶏ひき肉 … 50g
温かいご飯 … 茶碗1杯分（150g）
トマトケチャップ … 大さじ2
A［溶き卵 … 1個分
牛乳 … 大さじ1
ピザ用チーズ … 10g］

つくり方

1. 玉ねぎはみじん切りにする。にんじんは皮をむいてみじん切りにする。いんげんはヘタを切って1cm幅に切る。
2. フライパンにサラダ油小さじ2を中火で熱し、ひき肉を炒める。肉に火が通ったら、①を加えてさらに炒める。野菜がしんなりしたらご飯を加えてさっと炒め、ケチャップを加えてご飯にからめるように炒める。
3. ボウルに**A**を入れて混ぜ合わせる。別のフライパンに残りのサラダ油を中火で熱し、**A**を流し入れる。ゆっくりとへらで混ぜ、半熟状になったら火を止める。
4. 器に②を盛り、③をのせる。

しっかり食べて
強くなるぞ！

献立アドバイス

肉&卵と野菜、乳製品はそろっているので、あとは果物を添えればOK。

悩み11

苦手な牛乳をとる方法は？

POINT

独特のにおいや味がなくなるので、無理なくカルシウムがとれます。

子どもの悩み

Q「骨のために飲んだほうがいいとはわかっているのですが、牛乳が苦手です」（小学5年男子・バレーボール）

「牛乳を料理に使っておいしくとりましょう！」

成長期には牛乳や乳製品をしっかりとって、骨の密度を高めておきたいもの。アレルギーがないのであれば、できるだけとりいれましょう。

とはいえ、苦手なものをとるのは辛いですよね。牛乳が苦手な理由には、「におい」「後味」「口当たり」があるようですが、料理に使うと独特のにおいや味が弱まるので、ほとんど気になりません。まずはカレーやスープなどに使ってみましょう。また、コーヒーやココア、デザートに使うのもおすすめです。

牛乳嫌いでも大丈夫な
クリーミーカレーライス

水分の1/3を牛乳に。味がまろやかになっておいしさアップ。

材料（4人分）

鶏もも肉 … 200g
玉ねぎ … 1個
にんじん … 1/2本
じゃがいも … 中1個
しめじ … 100g
サラダ油 … 大さじ1
水 … 2カップ
牛乳 … 1カップ
カレールウ … 80g
温かいご飯 … 適量

つくり方

1. 鶏肉はひと口大に切る。玉ねぎは3cm角に切る。にんじんは皮をむいて乱切りにする。じゃがいもは皮をむいてひと口大に切る。しめじは小房に分ける。
2. フライパンにサラダ油を中火で熱し、玉ねぎを炒める。少し色づいてきたら鶏肉を加えて炒める。肉の表面の色が変わったら、にんじんとじゃがいも、しめじを加えて炒める。
3. 全体に油が回ったら水を加えて煮る。煮立ったらアクをとり、ふたをして火を弱め、野菜に火が通るまで煮る。
4. 牛乳を加え、煮立つ直前でいったん火を止め、カレールウを溶かし入れる。弱火にかけ、ほどよくとろみがつくまで混ぜながら煮る。器にご飯を盛り、カレーをかける。

献立アドバイス

牛乳と果物が一緒にとれる、フルーツ入りミルクゼリーなどを添えても。

悩み12

背を伸ばすためのメニューは？

POINT

桜えびと小松菜のカルシウム、鮭のビタミンDを組み合わせて。

子どもの悩み

Q「背を伸ばしたいのですが、カルシウムは牛乳以外からもとれますか？」
（小学6年女子・バレーボール）

A「カルシウムの多い食材を組み合わせて食べましょう！」

カルシウムはジュニアアスリートにとって大切な栄養素です。牛乳以外にもカルシウムを含む食材はたくさんあるので、これらをうまく使いましょう。

例えば、ちりめんじゃこや桜えび、ほうれん草や小松菜などの緑黄色野菜を食べればカルシウムはとれます。大豆や大豆製品にも多く含まれているので、これらを副菜に利用してもいいでしょう。鮭などに多く含まれるビタミンDと一緒にとると、カルシウムの吸収率がアップするので効果的です。

カルシウムがバッチリとれる
鮭と小松菜のチャーハン

鮭と桜えびのうまみがご飯になじみ、いくらでも食べられそう！

材料（1人分）

塩鮭 … 1/2切れ
小松菜 … 30g
生しいたけ … 1個
卵 … 1個
温かいご飯 … 茶碗1杯（150g）
サラダ油 … 大さじ1
桜えび（乾燥） … 3g
塩・こしょう … 各少々

つくり方

1. 塩鮭は魚焼きグリルで焼き、皮と骨を取り除いて粗めにほぐす。
2. 小松菜は1cm長さに切る。しいたけは軸を取ってみじん切りにする。ボウルに卵を割りほぐし、ご飯を加えて軽くからめる。
3. フライパンにサラダ油を中火で熱し、小松菜としいたけを炒める。ややしんなりとなったら②のご飯を加え、ほぐしながら炒める。ご飯がパラパラになったら、①と桜えびを加えて軽く炒め、塩とこしょうで味を調え、器に盛る。

献立アドバイス

カルシウムを多く含む、豆腐や大豆を使ったスープをつけても。

悩み13

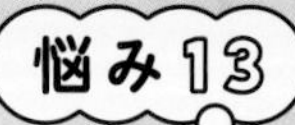

食欲がないときの食事は？

POINT

具は手間いらずのものを準備。色鮮やかな具をのせて食欲増進！

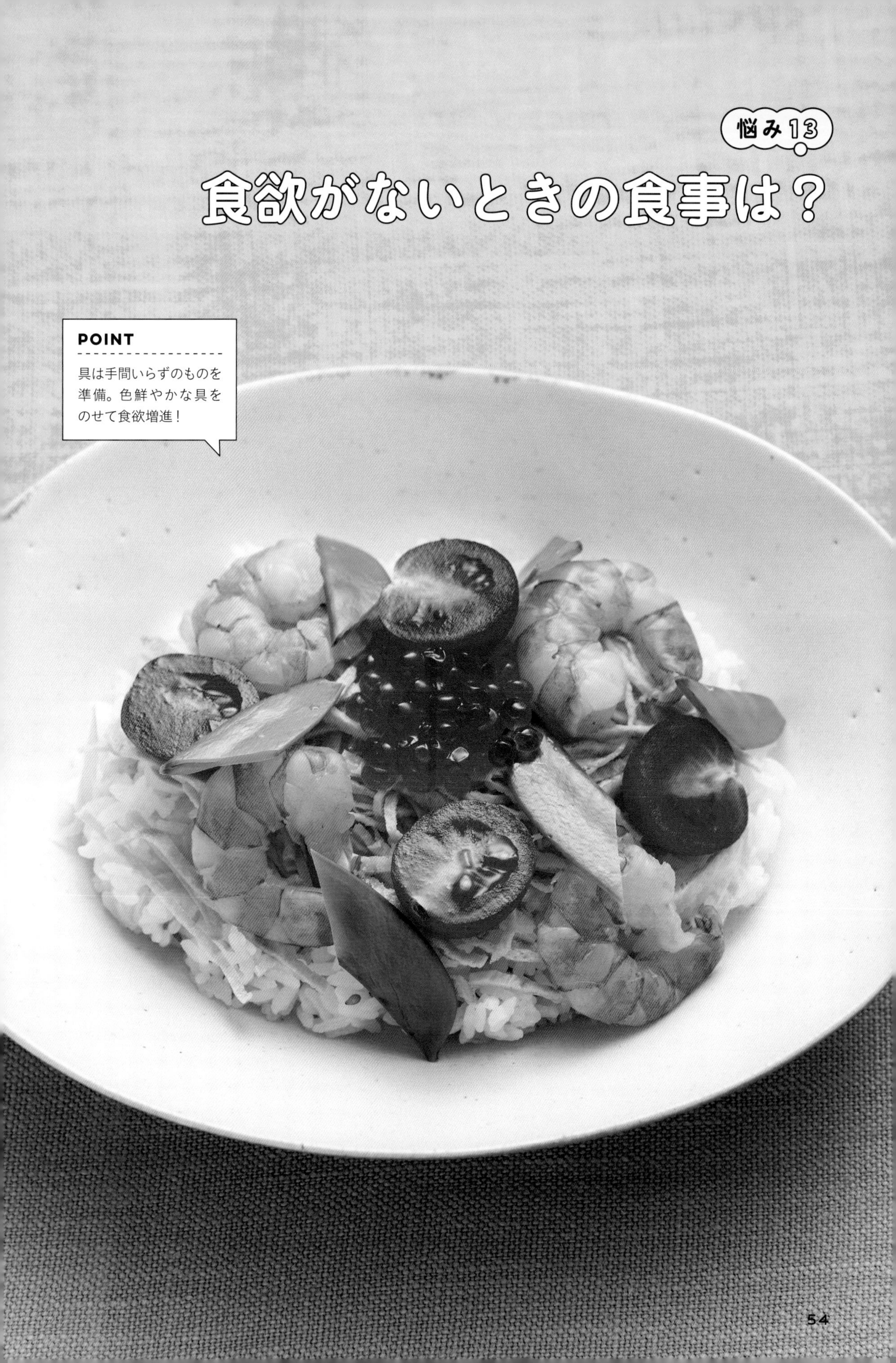

子どもの悩み

Q「ハードな練習が続くと食欲が落ちてしまい、夕食があまり食べられません」
(小学6年男子・バスケットボール)

「食欲が落ちたときは、脂質少なめのさっぱりメニューで!」

カラダに疲れがたまると、胃腸も弱りがちです。また、食欲が落ちて十分に食べることができないと、栄養不足の状態が続き、さらに疲労回復が遅れるという悪循環になってしまいます。

胃腸の負担を減らすためには、消化に時間がかかる脂質の多い食材や揚げ物などを控えましょう。おすすめはさっぱりとした味つけの料理。ちらし寿司は脂質が少なく、味もさっぱりしています。見た目も華やかなので、食欲が自然と湧いてきますよ。

食欲がアップするさっぱり味の
ちらし寿司

ご飯に甘酢しょうがのせん切りを混ぜれば、手軽にすし飯ができます。

材料(1人分)

温かいご飯 … どんぶり1杯分(200g)
A［甘酢しょうがのせん切り … 10g
　 いり白ごま … 小さじ1/2
卵 … 1個
B［砂糖 … 小さじ1/2
　 塩 … 少々
サラダ油 … 少々
きぬさや … 3枚
ミニトマト … 2個
ボイルむきえび … 4尾
いくらのしょうゆ漬け … 大さじ1

つくり方

1. ボウルにご飯と**A**を入れて混ぜ合わせる。
2. 別のボウルに卵を割りほぐし、**B**を加えて混ぜる。フライパンにサラダ油を中火で熱し、キッチンペーパーで薄くのばす。卵液を流し入れて薄く広げ、両面を焼いて取り出し、せん切りにする。
3. きぬさやはヘタと筋を取り、さっとゆでて斜め半分に切る。ミニトマトはヘタを取って縦半分に切る。
4. 器に①を盛り、②を敷いて③とえび、いくらをのせる。

献立アドバイス

消化のいい豆腐を使ったお吸い物、さっぱりとしたフルーツヨーグルトを組み合わせて。

バスケットボール日本代表
ベンドラメ礼生さん

「ご飯を食べることもトレーニング。練習や試合でしっかり力を出すためにはしっかり食べることが大切です」
(アスリート・インフィニティ#153放送)

悩み14

自分でつくれる簡単料理は？

POINT

ひと皿に盛ると、自分が食べている食材の分量がよくわかります。

子どもの悩み

Q「疲れを残さない食事をしたいんですが、自分でつくることはできますか?」

(中学2年男子・水泳)

A「栄養満点の食事を自分でつくってみましょう!」

水泳は体力の消耗が激しいので、食事から必要な栄養をしっかりとって、体調を維持することが大切です。中村克さんのように、練習量や体調に合わせて食事を自己管理できるようになると、パフォーマンスの向上に生かせます。

疲労回復にぴったりのメニューとして、自分でつくってみてほしいのが、アジアンチキンライス。炊飯器に鶏肉と野菜を入れて炊くだけの、火を使わずにできる簡単な料理なので、ぜひチャレンジして!

子どもが自分でつくれる
チキンライス

鶏肉とご飯を一緒に炊くと、うまみがなじんで驚きのおいしさに。

材料(4人分)

米 … 2合
しょうが … 1/2かけ
A
- 酒・うす口しょうゆ … 各大さじ1
- みりん … 小さじ2
- 塩 … 小さじ1/6

鶏むね肉 … 1枚
トマトのくし形切り … 1個分
リーフミックス … 100g
B
- レモン汁・しょうゆ … 各大さじ1/2

つくり方

1. 米は水で洗い、たっぷりの水に約30分浸して水けをきる。しょうがは皮をむいてみじん切りにする。
2. 炊飯器に米と**A**、しょうがを入れ、2合の目盛りまで水(分量外)を注ぐ。軽く混ぜて鶏肉をのせ、通常通りに炊く。炊き上がったら鶏肉を取り出し、食べやすい大きさに切る。
3. 器にご飯と鶏肉を盛り、トマトとリーフミックスを添える。鶏肉に、混ぜ合わせた**B**をかける。

献立アドバイス

野菜や海藻を使ったスープ、牛乳や乳製品、果物をプラスすれば完璧です。

競泳　リオ五輪日本代表
中村 克さん

「毎日、自炊をしていた学生時代。食べる量や摂取エネルギー、バランスを考えながら、量をたくさん食べていました」
(アスリート・インフィニティ #61放送)

POINT

さらに温泉卵をのせて良質なたんぱく質をプラスしても。

悩み15

食べて筋肉をつけるには？

POINT

コンロも包丁を使わずにできるから、子どもでも簡単につくれます。

子どもの悩み

Q「どうすれば、筋肉がしっかりついた強い太ももになりますか？」

（中学3年女子・自転車）

「たんぱく質を使った簡単料理を覚えましょう！」

筋肉づくりに欠かせないたんぱく質は、アミノ酸と呼ばれる小さな物質が結合したものです。アミノ酸には、体内でつくることのできない必須アミノ酸が9つあり、この必須アミノ酸がバランスよく含まれているものを、良質なたんぱく質といいます。

良質なたんぱく質を含む食材は、肉類だけではありません。刺身や卵を利用すれば、自分でも簡単に強い筋肉をつくる食事を準備することができるので、ぜひつくってみてくださいね。

丈夫なカラダをつくるどんぶり2種

温玉キムチしらす丼

ご飯が進む＆たんぱく質がとれる、筋肉づくりに役立つメニュー。

材料（1人分）

温かいご飯 … どんぶり1杯分（200g）
刻みのり … 少々
しらす干し … 大さじ3
白菜キムチ … 30g
温泉卵 … 1個
好みで万能ねぎの小口切り … 少々

つくり方

1. 器にご飯を盛り、刻みのりとキムチ、しらすをのせる。
2. 温泉卵を割り入れ、好みで万能ねぎを散らす。

まぐろアボカド丼

相性抜群のまぐろとアボカドをぐるりとのせれば完成！

材料（1人分）

アボカド … 1/2個
温かいご飯 … どんぶり1杯分（200g）
まぐろ（刺身）… 100g
刻みのり … 少々
しょうゆ … 適量

つくり方

1. アボカドは皮をむいて種を取り、1cm幅の半月切りにする。
2. 器にご飯を盛り、まぐろとアボカドを交互にのせる。刻みのりをのせ、しょうゆをかける。

献立アドバイス

2品ともに、野菜たっぷりの汁物、フルーツヨーグルトなどを添えるとバランスがよくなります。

練習の後はどんぶりメニューにします！

悩み16

苦手な野菜を克服するには？

POINT

混ぜ込みワザとのっけワザで、野菜嫌いを克服して。

Q「野菜を食べるように言われているのですが、どうしても嫌いで食べられません」（小学5年女子・体操）

A「野菜嫌いには、食べやすい調理の工夫を！」

ジュニアアスリートにとって、野菜を十分にとることは大切です。特に緑黄色野菜はビタミンやミネラルを多く含むので、体調管理に欠かせません。

野菜の形が見えていると、苦手意識が働いてどうしても避けたくなってしまうので、野菜が見えないようにして調理しましょう。みじん切りにしてハンバーグに混ぜたり、ミキサーにかけてスープにしたりすれば、ぐんと食べやすくなります。自分が食べられる方法を見つけて、少しずつ克服しましょう。

野菜嫌いでもOKの
トマトチーズハンバーグ

とろーりチーズで食欲アップ。知らず知らずに野菜が食べられます。

材料（2人分）

玉ねぎ … 1/4個
にんじん … 1/4本
トマト … 1/4個
グリーンリーフ … 1枚
牛豚合いびき肉 … 200g
A
- 卵 … 1個
- パン粉 … 大さじ4
- 塩 … 小さじ1/3
- こしょう・ナツメグ … 各少々

サラダ油 … 小さじ2
溶けるスライスチーズ … 2枚
トマトケチャップ … 小さじ1
好みでパセリのみじん切り … 少々

つくり方

1. 玉ねぎはみじん切りに、にんじんは皮をむいてみじん切りにする。耐熱ボウルに入れてラップをかけ、電子レンジ（600W）で1分ほど加熱し、粗熱を取る。
2. トマトは1cm厚さの輪切りにする。グリーンリーフは食べやすい大きさに切る。
3. ボウルにひき肉と**A**を入れて練り混ぜる。①を加えて混ぜ、2等分にして小判形にまとめ、中央を少しくぼませる。
4. フライパンにサラダ油を中火で熱し、③を入れて焼く。両面に焼き色がついたら、水1/4カップ（分量外）を加え、煮立ったらふたをして弱めの中火にし、5分ほど蒸し焼きにする。ふたをとり、水けをとばす。
5. ④のハンバーグにトマトを1切れずつのせ、ケチャップを1/2量ずつ塗ってチーズを1枚ずつのせる。ふたをして、弱火で2分ほど蒸し焼きにする。
6. チーズが溶けたら、器に盛ってグリーンリーフを添え、好みでパセリを散らす。

献立アドバイス

かぼちゃやほうれん草などのポタージュをプラスして、さらに野菜量アップ！

悩み 17

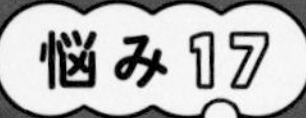

食欲を刺激するためには？

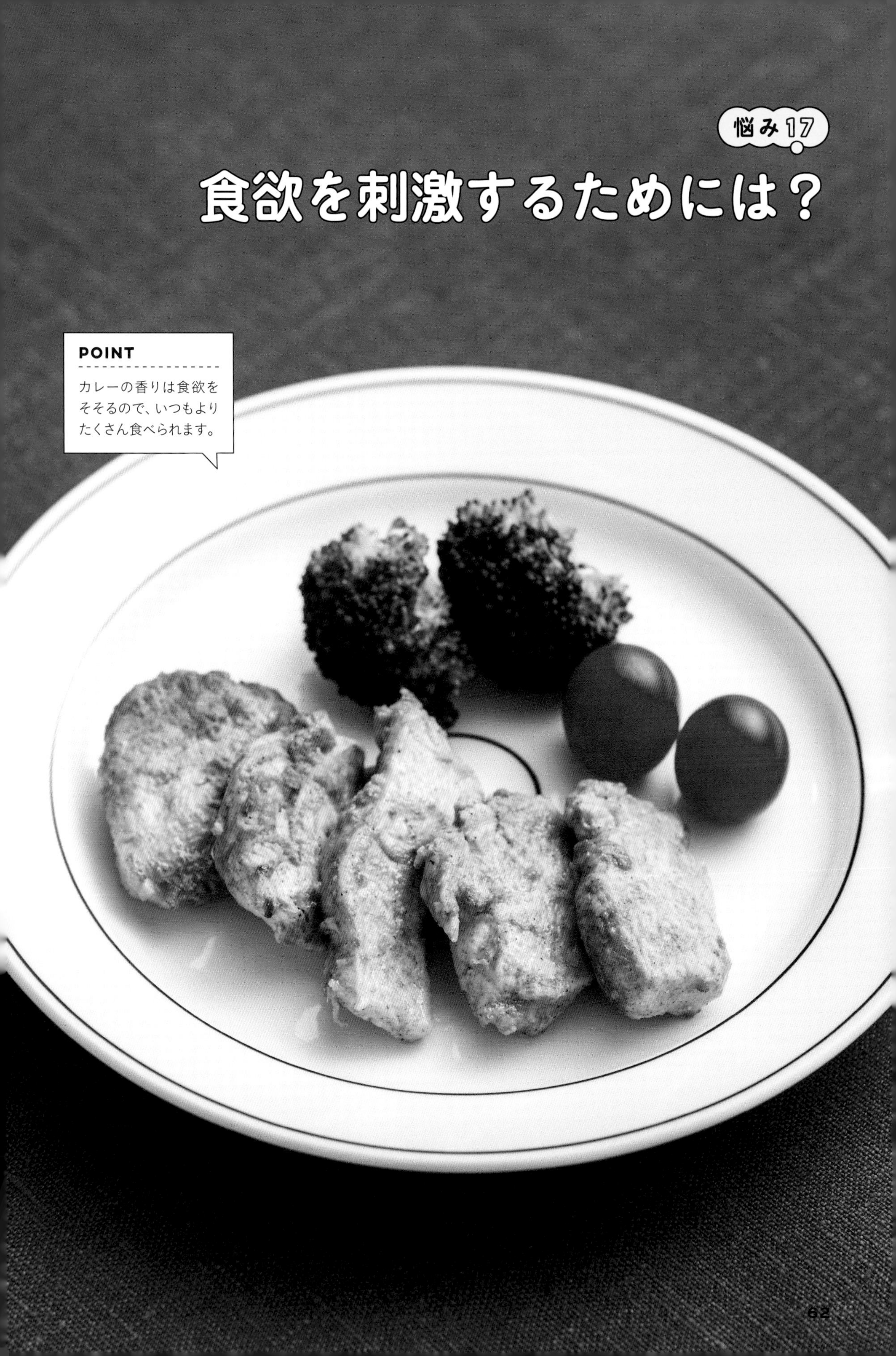

POINT

カレーの香りは食欲をそそるので、いつもよりたくさん食べられます。

＼子どもの悩み／

Q「少食でたくさん食べられないのですが、強くてしっかりしたカラダになりたいです」
（小学6年男子・ハンドボール）

A「食べることも練習と同じくらい大事だと思って！」

ハンドボールは、球技の中でも特にカラダの接触が多い競技。けがをしないためには、強いカラダづくりが大切です。練習も大事ですが、しっかり食べることもトレーニングだと思って取り組みましょう。

少食の場合は、カレー粉など香りのいいスパイスを使って食欲を刺激するのがおすすめです。また、一つ一つの料理にどんな食品や栄養素が入っているか意識しながら食べると、食事の大切さに気づくはずです。

少食でも思わず食が進む タンドリーチキン

鶏肉は前日や当日の朝に下味をもみ込んでおくと準備がラクに。

材料（2人分）

鶏むね肉 … 1枚

A
- にんにくのすりおろし … 1/2かけ分
- しょうがのすりおろし … 1/2かけ分
- プレーンヨーグルト … 30g
- カレー粉 … 大さじ1/2
- 塩 … 小さじ1/6

ブロッコリー（小房に分けたもの）… 4切れ
ミニトマト … 4個
サラダ油 … 小さじ2

つくり方

1. 鶏肉は2cm厚さのそぎ切りにし、ひと口大に切る。ポリ袋に**A**を入れて混ぜ、鶏肉を加えてもみ込み、冷蔵庫に入れて1時間ほどおく。
2. 鍋に湯を沸かし、ブロッコリーをゆでて水けをきる。ミニトマトはヘタを取る。
3. フライパンにサラダ油を弱めの中火で熱し、①を並べる。ふたをして火が通るまで両面を焼く。
4. 器に盛り、ブロッコリーとミニトマトを添える。

＼カレー味なら食べようかな／

献立アドバイス

炊き込みご飯や具だくさんスープをプラスすると、さまざまな栄養を補給できます。

疲れているときのおすすめは？

POINT

疲れていてもつるっと食べられて、疲労回復にも役立つ！

子どもの悩み

Q「平日も休日も練習があるため、疲れていると夕食を食べずに寝てしまいます」
（小学6年男子・フットサル）

A「疲れているときこそ、食べやすい料理でしっかり栄養補給！」

フットサルはサッカーよりも相手との接触プレーが多く、ハードな競技。疲労回復と当たり負けしない強いカラダづくりのためには、食事から必要な栄養を十分にとることが大事です。

平日は毎日練習、休日は朝早くから練習があり、夕食を食べずに寝てしまうことがあるようですが、食べないと疲労回復はできません。そんなときはのど越しのいいつけ麺がイチオシ。上にのせる具を充実させて、栄養バランスのアップをはかりましょう。

疲労回復にぴったりの
野菜チャーシューつけ麺

つけ麺は市販の麺とスープがセットになったものを使って。

材料（1人分）

わかめ（乾燥）… ひとつまみ
ちんげん菜 … 1株
トマト … 1/4個
チャーシュー（市販）… 40g
メンマ … 20g
ゆで卵 … 1/2個
つけ麺用の麺 … 1玉
つけ麺用のたれ … 1人分

つくり方

1. わかめは水で戻して水けをきる。鍋に湯を沸かして塩少々（分量外）を入れ、ちんげん菜をゆでる。冷水にさらして水けをしっかりと絞り、4cm長さに切る。トマトはくし形に切る。チャーシューは細切りにする。
2. 鍋に湯を沸かして麺をゆで、冷水にさらして水けをしっかりときる。
3. 器に②を入れ、①とメンマ、ゆで卵を盛り、つけ麺用のたれを添える。

献立アドバイス

牛乳か乳製品、果物を添えれば、食事のバランスは文句なし。

悩み19

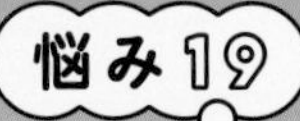

帰宅後に食べやすいメニューは？

POINT

豚肉とにら、キムチの組み合わせは、疲労回復を促進します。

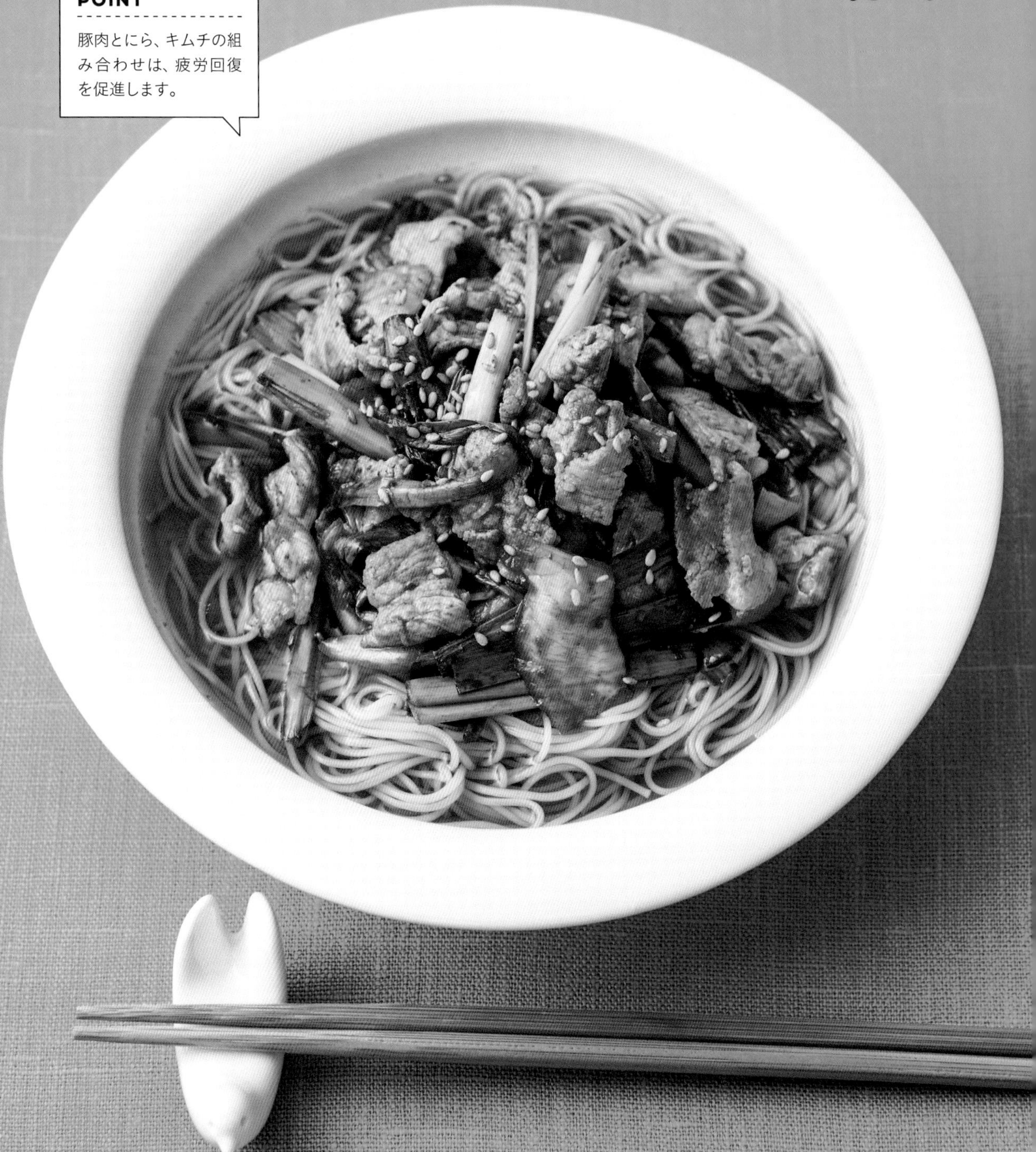

子どもの悩み

Q「補食でおにぎりを食べるので、家に帰るとご飯があまり食べられません」
（中学3年男子・サッカー）

A「帰宅後の夕食は食べやすい麺類でもOK」

練習の後は、疲労回復のために十分な糖質補給が必要です。所属するサッカー部では、練習後30分以内に補食をとるよう指導されているとのこと。成長期のジュニアアスリートへのサポート体制ができていますね。

帰宅してからの夕食で白いご飯が進まないようであれば、のど越しがよくて食べやすい麺類にしてもいいでしょう。疲労回復ビタミンを含む豚肉や、食欲を増進するキムチをのせれば、カラダを回復させることができます。

食が進まないときの
豚キムチそうめん

つるつるっと食べられるそうめんに、食欲をそそる豚キムチをのせて。

材料（1人分）

豚もも薄切り肉 … 100g
塩 … 少々
にら … 50g
ごま油 … 小さじ1
白菜キムチ … 50g
そうめん … 50g
めんつゆ（ストレート） … 1/2カップ
いり白ごま … 少々

つくり方

1. 豚肉は2cm幅に切り、塩をふる。にらは4cm長さに切る。
2. フライパンにごま油を中火で熱し、豚肉を炒める。肉に火が通ったら、にらとキムチを加えてさらに炒める。
3. 鍋に湯を沸かしてそうめんをゆで、冷水にさらして水けをしっかりときる。
4. 器に③を入れ、めんつゆを注ぎ入れる。②をのせてごまをふる。

献立アドバイス

牛乳や乳製品、果物を組み合わせると、カルシウムとビタミンCを補給できます。

栄養たっぷり

旬野菜レシピ

Q 「トップアスリートになるためには、何を食べたらいいですか？」

（中学1年女子・水泳）

A 「栄養満点でおいしい〝旬の野菜〟を活用して！」

旬の野菜はおいしく、栄養価も高く、しかも経済的です。例えば、色の濃い緑黄色野菜の代表選手であるほうれん草の旬は冬。夏のほうれん草と比較すると、ビタミンCは約3倍にもなります。また、ほうれん草はビタミンAやB群、鉄なども多く含むため、冬の体調管理にも効果的です。旬の野菜を食べることは、栄養素をとるだけでなく四季を楽しむことにもつながるので、心も豊かになりますよ。

夏 ズッキーニとパプリカのラタトゥイユ

太陽をたっぷり浴びた夏野菜の栄養がギュッと詰まっています。

POINT

作り置きしておくと便利。温めても冷やしてもおいしい。

材料（4人分）

- ズッキーニ … 1本
- 赤パプリカ … 1個
- 黄パプリカ … 1個
- トマト … 3個
- にんにく … 1かけ
- オリーブオイル … 大さじ1
- A
  - 顆粒コンソメスープの素 … 小さじ1
  - 塩 … 小さじ1/6
  - こしょう … 少々

つくり方

1. ズッキーニは1cm厚さの輪切りにする。パプリカはヘタと種を取ってひと口大に切る。
2. トマトの底に十文字の切り込みを入れ、熱湯に10秒ほど浸す。冷水に取り、皮をむいてヘタを取り、ひと口大に切る。にんにくはみじん切りにする。
3. 鍋にオリーブオイルとにんにくを弱火で熱し、香りが出てきたら中火にして①を炒める。全体に油が回ったら、トマトと**A**を加えて混ぜる。煮立ったらふたをし、弱火にして15分ほど煮る。

春 あさりと春野菜のワイン蒸し

甘みのある春キャベツとアスパラに、あさりのだしをしみ込ませて。

材料（1人分）

あさり … 100g
春キャベツ … 1枚
グリーンアスパラガス … 2本
白ワイン … 大さじ2
塩 … 少々

つくり方

1. あさりは殻を洗い、ボウルに入れる。塩水（3％程度・分量外）をかぶるくらいまで入れ、30分ほどつけて砂抜きし、流水で洗う。
2. キャベツはひと口大に切る。アスパラガスは根元を切り、堅い薄皮をピーラーでむき、4cm長さに切る。
3. フライパンにあさりと②を入れて白ワインを回し入れ、ふたをして中火にかける。あさりの口が開いたら、塩で味を調え、器に盛る。

POINT

風味づけ＆臭み取りのための白ワインは、なければ酒でもOK。

POINT

きのこは骨の成長に欠かせないビタミンDが豊富です。

きのこのマリネ

うまみのあるきのこ2種を、電子レンジを使ってマリネに。

材料（4人分）

しめじ … 100g
まいたけ … 100g
A
- にんにく … 1/3かけ
- 酢 … 大さじ2
- うす口しょうゆ … 小さじ2
- オリーブオイル … 小さじ1

好みでパセリのみじん切り … 少々

つくり方

1. しめじとまいたけは石づきを切り、小房に分ける。**A**のにんにくはみじん切りにする。
2. 耐熱ボウルにしめじとまいたけを入れ、ラップをかけて電子レンジ（600W）で2分30秒ほど加熱する。熱いうちに**A**を加え、ときどき混ぜながら15分ほど漬ける。器に盛り、好みでパセリを散らす。

POINT

栄養を損なわないように、野菜は短時間でさっと炒めて。

冬 ほうれん草と白菜のにんにく炒め

体調を崩しがちな冬にもってこいの炒め物です。

材料（4人分）

ほうれん草 … 1束（200g）
白菜 … 2枚
にんにく … 1かけ
オリーブオイル … 大さじ1
しょうゆ … 小さじ1
塩・こしょう … 各少々

つくり方

1. ほうれん草は4cm長さに切る。白菜は横に1cm幅に切る。にんにくは薄切りにする。
2. フライパンにオリーブオイルとにんにくを弱火で熱し、香りが出てきたら中火にしてほうれん草と白菜を炒める。ややしんなりとなったらしょうゆを加えて混ぜ、塩とこしょうで味を調えて器に盛る。

知っておきたい

補食アイデア

Q

「試合の日はあまり食べられません。どんな風にエネルギーをとればいいでしょうか？」

（小学6年男子・ボルダリング）

A

「こまめにとれる補食を準備しましょう！」

ボルダリングの試合では、落ち着いて食べる時間がないことも多いようです。試合当日は、食事としてしっかり食べられなくても仕方がありませんが、力を出すためには、すばやくエネルギーとなる栄養を補給することが大切。時間が空いたときにサッと食べられるように、おにぎりやカットフルーツなどの補食を持っていきましょう。補食は、糖質やたんぱく質が多く、脂質の少ないもので、持ち歩きやすいものがおすすめです。

補食IDEA 1

持っていくならこんな補食

バナナ

糖質が多く、すばやくエネルギーになる。

おにぎり

コンビニでも調達できます。

ロールパン

脂質の多いクロワッサンやデニッシュは避けて。

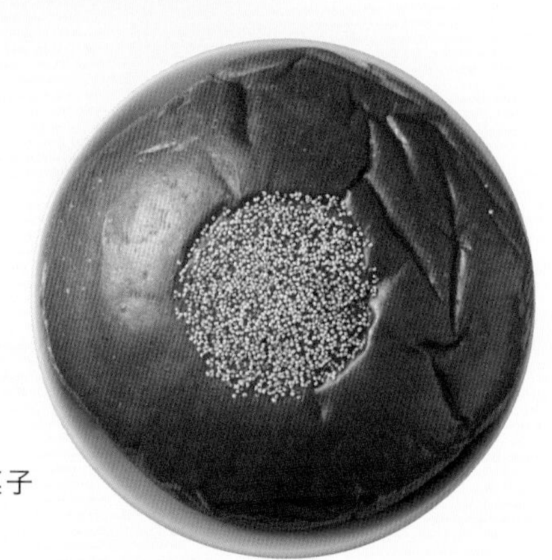

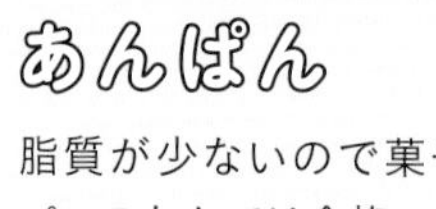

あんぱん

脂質が少ないので菓子パンのなかでは合格。

ゆで卵

持っていきやすいたんぱく源。

カットフルーツ

糖質やビタミンCの補給に。

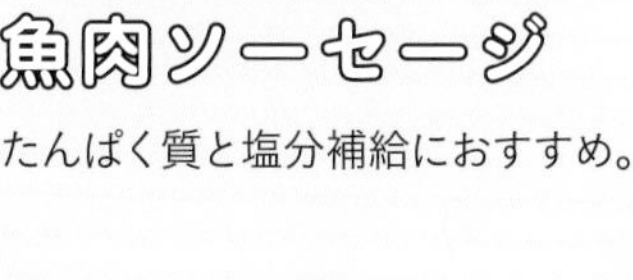

魚肉ソーセージ

たんぱく質と塩分補給におすすめ。

ようかん

個別包装の小さめのものが便利。

鈴カステラ

脂質が少なく、一口で食べられる。

みたらし団子

手で持って食べやすい。

補食IDEA 2

アイデア具だくさんおにぎり

「身長をもっと伸ばしたいです。車で移動中に食べられるおすすめの補食はありますか？」

（小学5年女子・テニス）

「ビタミンやミネラルも補給できる工夫を！」

平日の夜に練習があり、練習後は送り迎えの車のなかで補食のおにぎりを食べているとのこと。タイミングをよく考えて食べていますね。でも、1日の食事で緑黄色野菜を食べる機会がほとんどないようなので、野菜不足が心配です。また、牛乳も苦手なようなので、カルシウム不足も気になります。

そこでおすすめしたいのが、不足しがちな栄養がとれる食材を混ぜ込んだおにぎり。ビタミンやカルシウム、鉄などがとれるようなおにぎりを日々の補食にして、栄養を補いましょう。

小松菜としらすのおにぎり

カルシウム不足が気になるときにぴったり。

材料（2個分）

小松菜（ゆでたもの）… 6枚
温かいご飯 … 200g
しらす干し … 大さじ2
塩 … 少々

つくり方

1. 小松菜はみじん切りにする。
2. ボウルにすべての材料を入れて混ぜる。1/2量ずつラップで包み、三角形に握ってラップをはずし、塩をふる。

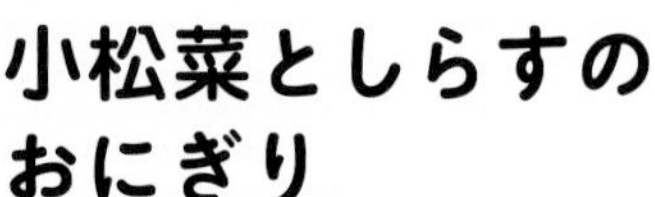

プロテニスプレーヤー
瀬間詠里花さん

「子どもの頃は好き嫌いが多くて少食だったので、もっと食べていればよかったと思います。毎日を大切に、たくさん食べてください」
（アスリート・インフィニティ#55放送）

鮭そぼろとチーズのおにぎり

たんぱく質とカルシウムが
しっかりとれます。

材料（2個分）

塩鮭（焼いたもの）… 30g
プロセスチーズ … 10g
温かいご飯 … 200g

つくり方

1. 塩鮭は骨と皮を取ってほぐす。チーズは5mm角に切る。
2. ボウルにすべての材料を入れて混ぜる。1/2量ずつラップで包み、丸形に握る。

昆布と枝豆のおにぎり

ビタミンとカルシウムの
補給におすすめ！

材料（2個分）

ゆで枝豆 … 10さや
温かいご飯 … 200g
塩昆布 … 10g
塩 … 少々
焼のり … 適量

つくり方

1. 枝豆はさやから取り出す。
2. ボウルにすべての材料を入れて混ぜる。1/2量ずつラップで包み、俵形に握ってラップをはずす。塩をふり、のりを巻く。

補食IDEA 3

練習前に消化のいいあったかうどん

POINT

補食を上手に利用すれば長時間の練習も最後までがんばれます。

「しっかり練習してもっと強くなりたいです。練習前には何を食べたらいいですか？」

（小学5年男子・レスリング）

「練習前の補食で、糖質を効率よく補給して！」

ご飯や麺などの糖質は、消化がよく、食べてから胃を通過するまでの時間が短い栄養素で、およそ3時間でほとんどが胃から腸へと移動していきます。ですから、激しい運動前には糖質中心の補食をとり、胃に食べた物が残らないようにしておきたいものです。

糖質はたんぱく質や脂質と一緒にとると、消化吸収のスピードが遅くなってしまうので注意しましょう。野菜中心の煮込みうどんなら消化を妨げないので、練習前の補食にうってつけです。

ごまみそ煮込みうどん

やわらかく煮込むと、胃に負担をかけずに栄養を吸収できます。

材料（1人分）

油揚げ … 1枚
しめじ … 30g
にんじん … 20g
かぼちゃ … 50g
A みそ … 小さじ4
　練り白ごま … 小さじ2
　しょうゆ … 小さじ1/2
だし汁 … 2カップ
ゆでうどん … 1玉
水菜のざく切り … 少々
ゆで卵 … 1/2個

つくり方

1. 油揚げは熱湯をかけて油抜きし、1.5cm幅に切る。しめじは石づきを切って小房に分ける。にんじんは皮をむいて半月切りにする。かぼちゃは種とワタを取り、ひと口大のくし形切りにする。小さめの器に**A**を混ぜ合わせる。
2. 鍋にだし汁とにんじんを入れて中火で熱し、煮立ったら油揚げとしめじ、かぼちゃを加える。火が通ったら**A**を溶かし入れ、うどんを加えて3分ほど煮込む。
3. 器に盛り、水菜とゆで卵をのせる。

補食アドバイス

具材を下ごしらえしておくと、練習前の慌ただしいときでもさっと調理できます。

あると便利な作り置きレシピ

大根とひじきのツナサラダ

ミックスビーンズのドライカレー

青椒肉絲

豚肉と野菜のスタミナ炒め

クラムチャウダー

子どもの悩み

Q「いつもあまりお腹がすかなくて、食べるのも時間がかかります」（小学6年男子・卓球）

A「食の細い子は、お腹がすいたときこそチャンス！」

夕方、お腹がすいたときにお菓子をつまんでしまうと、夕食をしっかり食べることができません。そんなとき、お母さんがいなくても電子レンジで温めて食べられる作り置きおかずがあると、カラダに必要な栄養をしっかりとることができます。

作り置きおかずは、肉料理や野菜料理などいくつか保存しておくと便利。例えば、肉と野菜がバランスよくとれる青椒肉絲とご飯があれば、自分でどんぶりご飯がつくれます。

青椒肉絲

肉も野菜もモリモリ食べられる、コクのある味つけです。

保存の目安 冷蔵3～4日　冷凍3週間

POINT

食べる分だけ電子レンジで温め、ご飯にのせれば青椒肉絲丼に。

材料（4人分）

牛もも薄切り肉 … 300g
塩・こしょう … 各少々
ピーマン … 3個
赤パプリカ … 1個
黄パプリカ … 1個
にんにく … 1かけ
A ［オイスターソース … 大さじ1
　 しょうゆ・酒 … 各小さじ2
ごま油 … 大さじ1

つくり方

1. 牛肉は1cm幅の細切りにし、塩とこしょうをふる。ピーマンとパプリカはヘタと種を取り、縦に細切りにする。にんにくはせん切りにする。小さめの器に**A**を混ぜ合わせる。
2. フライパンにごま油とにんにくを弱火で熱し、香りが出てきたら中火にして牛肉を炒める。肉に火が通ったら、ピーマンとパプリカを加えてさらに炒める。野菜がややしんなりとなったら、**A**を回し入れて炒め合わせる。密閉容器に入れて保存する。

卓球
リオ五輪銀メダリスト（団体）
吉村真晴さん

「自分も体が細い方で、一気にたくさん食べられないので、1日5～6食に分けて食べるようにしています」
（アスリート・インフィニティ #51放送）

豚肉と野菜のスタミナ炒め

しっかりとした味つけで、野菜がモリモリ食べられる！

保存の目安 冷蔵3〜4日　冷凍3週間

材料（4人分）

豚ロース薄切り肉 … 400g
塩 … 小さじ1/4
こしょう … 少々
赤パプリカ … 1個
玉ねぎ … 1/2個
さやいんげん … 10本
にんにく … 1かけ
サラダ油・しょうゆ … 各小さじ2

POINT
主菜の作り置きとして、そのまま食べられます。

つくり方

1. 豚肉はひと口大に切り、塩とこしょうをふる。パプリカはヘタと種を取って細切りにする。玉ねぎは縦に薄切りにする。いんげんはヘタを切って長さを半分に切る。にんにくは薄切りにする。
2. フライパンにサラダ油とにんにくを入れて弱火で熱し、香りが出てきたら中火にして豚肉を炒める。肉に火が通ったら、パプリカと玉ねぎ、いんげんを加えて炒める。野菜に火が通ったら、しょうゆを回し入れる。密閉容器に入れて保存する。

クラムチャウダー

あさりと野菜たっぷりのスープは、朝食にもおすすめ。

保存の目安 冷蔵2〜3日　冷凍3週間

材料（4人分）

セロリ … 1/2本
玉ねぎ … 1/2個
にんじん … 1/3本
A［水 … 2カップ
　顆粒コンソメスープの素 … 小さじ2］
あさりのむき身 … 150g
牛乳 … 1・1/2カップ
塩・こしょう … 各少々
好みでパセリのみじん切り … 少々

POINT
食べる分だけ電子レンジで温め、好みでパセリを散らして。

つくり方

1. セロリと玉ねぎはみじん切りにする。にんじんは皮をむいて1cm角に切る。
2. 鍋に**A**と①を入れて中火にかけ、煮立ったらふたをして弱めの中火で10分ほど煮る。
3. あさりと牛乳を加え、煮立つ直前に火を止め、塩とこしょうで味を調える。密閉容器に入れて保存する。

大根とひじきのツナサラダ

ツナを加えると、大根とひじきにうまみが加わります。

保存の目安 冷蔵3〜4日　冷凍NG

材料（4人分）

芽ひじき（乾燥）… 10g
大根 … 5cm
ツナ水煮缶 … 1缶（70g）
A
- 酢 … 1/4カップ
- うす口しょうゆ … 大さじ1・1/2
- オリーブオイル … 小さじ1

POINT

食べる分だけ器に取り出し、そのまま食べられます。

つくり方

1. ひじきはたっぷりの水で戻す。鍋に湯を沸かしてひじきをさっとゆで、水けをきる。大根は皮をむいて薄いいちょう切りにする。ツナは缶汁をきる。
2. ボウルにツナと**A**を入れて混ぜ、ひじきと大根を加えてあえ、ときどき混ぜながら20分ほど漬ける。密閉容器に入れて保存する。

ミックスビーンズのドライカレー

栄養豊富な豆は、カレーにして食べやすさアップ！

保存の目安 冷蔵3〜4日　冷凍3週間

材料（4人分）

にんじん … 1/3本
玉ねぎ … 1/2個
にんにく … 1かけ
サラダ油 … 大さじ1
鶏ひき肉 … 200g
水 … 1・1/2カップ
ミックスビーンズ … 100g
カレールウ … 80g

POINT

食べる分だけ取り出して温め、温かいご飯にかけて。

つくり方

1. にんじんは皮をむいてみじん切りにする。玉ねぎ、にんにくはみじん切りにする。
2. フライパンにサラダ油とにんにくを入れて弱火で熱し、香りが出てきたら中火にしてひき肉を炒める。ひき肉に火が通ったら、にんじんと玉ねぎを加えてさらに炒める。野菜に油が回ったら水とミックスビーンズを加え、5分ほど煮る。
3. 一度火を止め、カレールウを加えて煮溶かす。再び中火にかけ、ほどよいとろみがつくまで混ぜながら煮る。密閉容器に入れて保存する。

子どもが喜ぶ

差し入れレシピ

差し入れIDEA 1

パクッと食べやすい スティックおにぎり3種

親の悩み

Q「子どもたちに差し入れをしたいのですが、どんなものがおすすめですか?」

（野球チームの保護者）

「食べやすく栄養バランスのいいスティックおにぎりを！」

野球チームの子どもたちに差し入れをするなら、スティックおにぎりはいかがでしょう。おにぎりは練習後の補食に最適で、ご飯に具材を混ぜ込めば、カラダづくりに役立つ栄養もしっかりとれます。さらに、いつもと握り方を変えてスティック状にすることで、食べやすく、見た目も楽しくなります。

一つ一つラップで包んだものを配れば、衛生的にも安心。応援メッセージをつけたり、シールを貼ったりすれば、「がんばって！」の気持ちが伝わりますよ。

カリカリ梅スティック

カリカリ梅の食感とほどよい塩けが、練習後にうれしい。

材料（2個分）

カリカリ梅 … 15g
温かいご飯 … 茶碗1杯分（150g）
赤じそのふりかけ … 少々
いり白ごま … 少々

つくり方

1. カリカリ梅は種を取って粗く刻む。
2. ボウルにすべての材料を入れて混ぜ、1/2量ずつラップで包み、スティック状に握る。

ベーコンカレースティック

食欲を刺激するカレー味は、人気が出ること間違いなし！

材料（2個分）

ベーコン（薄切り）… 1枚
さやいんげん … 2本
オリーブオイル … 小さじ1/2
カレー粉 … 小さじ1/2
温かいご飯 … 茶碗1杯分（150g）
塩 … 少々

つくり方

1. ベーコンは5mm幅に切る。いんげんはヘタを切って5mm幅に切る。
2. フライパンにオリーブオイルを中火で熱し、①を炒める。油が回ったらカレー粉を加え、さらに炒める。
3. ボウルに②とご飯を入れて混ぜ、1/2量ずつラップで包み、スティック状に握る。一度ラップを広げて塩をふり、再びラップで包む。

野沢菜じゃこスティック

育ち盛りにとってほしいカルシウムがたっぷり！

材料（2個分）

野沢菜漬け … 20g
温かいご飯 … 茶碗1杯分（150g）
ちりめんじゃこ … 大さじ1
いり白ごま … 小さじ1/2

つくり方

1. 野沢菜はみじん切りにする。
2. ボウルにすべての材料を入れて混ぜ、1/2量ずつラップで包み、スティック状に握る。

両端をワイヤータイで留めるだけで、元気いっぱいの印象に。応援メッセージはマスキングテープに書いて貼りましょう。

差し入れIDEA 2

栄養もバッチリとれる お好み焼き

POINT

中濃ソース、マヨネーズ、削り節、青のりは現地でかけましょう。

親の悩み

Q「みんなでワイワイ食べることができる人気の差し入れはありますか？」（サッカーチームの保護者）

A「楽しく食べられて、塩分補給ができるものを！」

汗からは水分と同時に塩分も失われるので、練習後は、水分だけでなく塩分もとることが大切です。熱中症は気温の高さだけでなく、発汗によって水分と塩分が失われることが原因になることを覚えておきましょう。

サッカーチームに差し入れをするなら、お好み焼きはいかがでしょう。糖質や肉、野菜が補給でき、ソースやマヨネーズをかけることで塩分も補えます。お好み焼きは手で食べられるように1切れずつラップに包んでもいいですね。

豚キャベツお好み焼き

ふっくらとしたお好み焼きで、笑顔とパワーを充電できます。

材料（2枚分）

豚バラ薄切り肉 … 50g
キャベツ … 3枚
卵 … 1個
牛乳 … 3/4カップ
薄力粉 … 120g
A
- 紅しょうが … 10g
- 桜えび（乾燥） … 3g
- 粉かつお … 小さじ1

サラダ油 … 大さじ1
中濃ソース・マヨネーズ・削り節・青のり … 各適量

つくり方

1. 豚肉は3cm幅に切る。キャベツは1cm角に切る。
2. ボウルに卵を割りほぐす。牛乳を加えて混ぜ、薄力粉をふるいながら加え、泡立て器で混ぜ合わせる。キャベツと**A**を加え、へらでさっくりと混ぜ合わせる。
3. フライパンにサラダ油1/2量を中火で熱し、②の1/2量を平らに流し入れ、上に豚肉1/2量をのせる。両面に焼き色がつくまで焼く。残りも同様に焼く。

持っていくときの容器は、100円ショップのグッズが便利。大きめのペーパートレーにワックスペーパーを敷いてお好み焼きをのせ、ペーパートレーを逆さにしてかぶせ、マスキングテープで留めて。

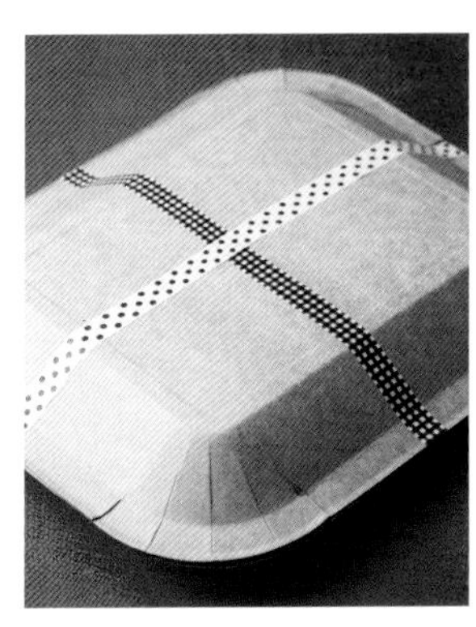

味の素（株）presents

勝ち飯®

がんばる人のチカラになるごはん

味の素㈱のトップアスリート支援から生まれた栄養プログラム「勝ち飯®」。
1日3回の食事と、必要な栄養素をタイミング良く補う補食の2つの要素で構成されます。

※「勝ち飯®」は、味の素㈱の登録商標です。

実践のPOINT1 「5つの輪」をそろえよう

「食事」の基本は、主食、主菜、副菜、汁物、牛乳・乳製品の5つの要素。1日3回の食事で、5つの要素でできる「輪」をきれいにそろえることが大切です。

ご飯などの主食では、カラダを動かすエネルギー源となる炭水化物をとります。主菜からは筋肉や血液の材料になるたんぱく質を、副菜からはカラダの調子を整えるビタミンと食物繊維をとりましょう。汁物は、うま味成分のアミノ酸が消化吸収を助けます。牛乳・乳製品に含まれるカルシウムとたんぱく質は、骨を丈夫にするうえで欠かせません。

これらにプラスして、カラダの調子を整えるビタミンC、エネルギー源となる炭水化物がとれる果物も食べると、より効果的です。

実践のPOINT2 汁物を積極的に食べよう

食事の「5つの輪」のなかで、初めに一口食べてほしいのが汁物。だしに含まれるアミノ酸には、食欲のスイッチを入れて消化吸収を助ける効果があるため、その後の食事が進みやすくなるからです。また、汗をかいて失う水分やミネラルの補給にも役立ちます。

汁物には野菜をたっぷり入れるのがおすすめ。野菜のかさが減って一度にたくさん食べることができるので、食事全体の栄養バランスがアップします。スープに溶け込んだ野菜の栄養素も、汁物なら逃がさず丸ごとカラダに取り込むことができます。

具材や味付けの工夫で、さまざまな味わいを楽しめるのも汁物の魅力。和風、洋風、中華風、鍋料理など変化をつければ、献立のバリエーションも広がります。

実践のPOINT3 「勝ち飯®」を簡単につくるコツ

「5つの輪」がしっかりそろった食事は理想ですが、毎食続けるのは難しいことも。そんなときには、「たんぱく質」「野菜」「汁物」の3つをおさえましょう。

カラダづくりに欠かせない肉や魚などのたんぱく質と、カラダを整える野菜をしっかりととるには汁物が最適です。食事の準備に時間がかけられないときは、具だくさんの汁物を献立に取り入れることを心掛けてみましょう。

たんぱく質
カラダづくりに欠かせない、
肉、魚、卵、大豆などの
たんぱく質をしっかりとる

野菜
カラダを整える
ビタミン・ミネラル源の
野菜をたっぷりとる

汁物
消化・吸収を助ける
うま味のきいた汁物を
献立にとりいれる

実践のPOINT4 アミノ酸と糖質は「パワーボール®」でとる

「補食」は、スポーツで特に必要なアミノ酸と糖質を、必要なタイミングで補うためのもの。アミノ酸は体を動かすために必要なたんぱく質の材料になり、糖質は体のエネルギー源になります。手軽で効果的な補食として、トップアスリートの間でも大人気なのが「パワーボール®」です。

「パワーボール®」は、だしを入れた小さなおにぎりのこと。だしのうまみが食欲をそそるので、試合前などの緊張した場面にもおすすめです。補食を上手に使って、コンディションの維持や向上につなげましょう。

※「パワーボール®」は、味の素(株)の登録商標です。

「勝ち飯®」は、1日3回の「食事」と、必要な栄養素をタイミング良く補う「補食」の二つを組み合わせるのがポイント。また、「何を食べるか」ではなく「何のために食べるか」を大切にし、「強いカラダをつくるため」「カラダの疲れを取るため」など、目的別に必要な栄養素と食材を選んでメニューをつくります。「勝ち飯®」で栄養やエネルギーを蓄え、目標に向かってがんばる子どもたちを応援しましょう。

「勝ち飯®」アンバサダー **松田丈志**

勝ち飯®はここから誕生！

「ビクトリープロジェクト®」

味の素㈱「ビクトリープロジェクト®」は、
日本代表選手団や候補選手へ、食と栄養の分野で支援する活動を行っています。

瀬戸大也選手へのサポート

瀬戸大也選手は試合や合宿でのサポートのほかに、自宅での食事のサポートも受けています。

合宿中は、質の高い練習をこなしながら体重の増加を抑えられるエネルギー摂取量を検討し、コンディションづくりをバックアップ。試合期間中には、「パワーボール®」やバナナなどの補食を並べた「エネルギーブース」、「勝ち飯®」弁当の提供などを通じて、エネルギー補給や回復を支えました。

自宅での食事は、瀬戸選手の妻で元アスリートの優佳さんと協力してサポート。瀬戸選手に必要な食事のボリューム、食材の分量、油の量などを計算したうえで、必要な栄養素をとるための瀬戸家オリジナルの献立を作成。さらに優佳さんが、味付けや調理方法を瀬戸選手好みにアレンジし、おいしさと栄養を両立させる工夫もしています。

「アスリートにとって、ご飯はガソリンみたいなもの」と瀬戸選手。食べる量や内容を意識するようになり、体重の変動もなくなったそうです。きめ細やかなサポートが、良好なコンディショニングの維持に繋がっています。

瀬戸選手も食べた
勝ち飯®

四川式麻婆豆腐

「CookDo®」四川式麻婆豆腐を使えば、本格的な味わいが簡単に楽しめます。

PROFILE

瀬戸大也（せと・だいや）

小学生から水泳の全国大会に出場し、すべての泳法での優勝経験を持つ。2013年、2015年の世界水泳400m個人メドレーで2連覇。リオオリンピックでは400m個人メドレーで銅メダル。2019年の世界水泳でも、400m・200m個人メドレーで金メダル、200mバタフライで銀メダル。

「勝ち飯®」の材料とつくり方は
「レシピ大百科」をCHECK!

四川式麻婆豆腐

豚肉と野菜の
ナポリタン風炒め

伊藤美誠選手へのサポート

海外での試合も多く、世界中を転戦する伊藤美誠選手のパワーの源は、食事です。食べ物の好き嫌いがなく、いつもバランス良くたくさん食べられるという伊藤選手。海外でも食欲が落ちることはないそうですが、国内とは違って食べられる食材が限られてしまうことも。「試合前の練習から試合開始までの間に少し時間があるので、おにぎりや「アミノバイタル®」などの補食をとります。チームのメンバーから『試合前によくそんなに食べられるね』と驚かれるほど食べているときも(笑)。たくさん食べる、バランスよく食べる。それがパワーになります。」

さらに、「ビクトリープロジェクト®」の管理栄養士が栄養指導を行い、「勝ち飯®」メニューのアドバイスも行っています。「教えてもらったメニューを母がつくってくれます。おいしくてお腹いっぱいになるのに、カラダは締まっていく感じ。試合の翌日の疲れもないんですよ」と伊藤選手。また、海外の大会に調理スタッフと管理栄養士が常駐し、軽食を提供したことも。海外で不足する栄養素を補う役割を果たし、強いカラダづくりを食事と補食で支えています。

伊藤選手も食べた
勝ち飯®

豚肉と野菜の ナポリタン風炒め

パスタの定番「ナポリタン」をおかずにアレンジ。野菜もたっぷり入って栄養も満点です。

PROFILE

伊藤美誠(いとう・みま)

2歳から卓球を始める。2014年にダブルス、2015年にシングルスで世界最年少優勝を飾り注目を浴びる。初出場のリオオリンピックでは団体で銅メダル。2018年、2019年の全日本選手権ではシングルス・ダブルス・混合ダブルスの3冠を2年連続で達成。

＼疑問を解決！／

お役立ちアドバイス集

コンビニや外食を上手に取り入れる方法や、試合当日の食事で気をつけるポイントなど、知っておくと役に立つ情報をまとめてご紹介します。

コンビニ・外食の上手な活用法

「食事の基本型」を意識して選べばＯＫ。

コンビニ食品は忙しいときに便利なので、上手に活用したいものです。買うときの重要なポイントは、選び方を間違わないこと。おにぎりやサンドイッチだけでは栄養が足りず、お弁当も種類によっては脂質のとり過ぎになってしまいます。でも、「食事の基本型」（14ページ）の通りに選べば、コンビニ食品でも栄養バランスを整えることは可能です。

例えば、お弁当を選ぶなら幕の内弁当がおすすめ。野菜のあえ物や乳製品、果物をプラスすれば、栄養価がさらにアップします。また、おにぎりやサンドイッチの場合は、サラダや乳製品、果物を組み合わせると栄養バランスがよくなります。

外食するときもメニュー選びが重要です。外食はどうしてもビタミンやミネラルが不足しがちになるので、なるべく品数の多い定食スタイルのメニューを選びましょう。うどんやパスタなど単品メニューの場合は、具だくさんのものを選び、必要に応じて野菜ジュースや乳製品をプラスして。外食でおすすめのメニューは、鍋焼きうどんや焼き魚定食、しょうが焼き定食、ミートソースやボンゴレなどのパスタとサラダのセットです。

インスタント食品やファストフードの注意点

糖分と油分のとり過ぎになるので、できれば避けて。

冷凍食品やレトルト食品、カップ麺などのインスタント食品は、調理がラクで便利ですが、それだけで食事をすませてしまうと栄養バランスが偏ります。また、ほとんどのファストフード店にはセットメニューがありますが、ハンバーガーとフライドポテト、清涼飲料水の組み合わせは、高脂肪なだけで必要な栄養素が足りていません。インスタント食品もファストフードも忙しいときには便利ですが、そればかりが続くと栄養バランスが大きく崩れてしまうので、最低限にとどめましょう。

ファストフードで選ぶなら、ハンバーガーは揚げ物の入っていないものを選び、フライドポテトの代わりに野菜サラダ、炭酸飲料の代わりに牛乳や100％果汁のオレンジジュースにすると、余分なエネルギーを抑えて、ビタミンやミネラルを補うことができます。

安くて手軽に食べられるカップ麺などの加工食品は、ビタミンやミネラルが少ないだけでなく、添加物としてリンが含まれています。リンを含む食品を過剰にとると、カルシウムの吸収を阻害してしまうので、成長期は特に注意してください。

増量、減量したいときに注意したいこと

成長を妨げない
ウエイトコントロールが大原則。

スポーツをしている人の場合、「増量」は除脂肪体重（おもに筋肉）を増やすこと、「減量」は余分な体脂肪を減らすことが目的となります。

増量したいときは、「食事の基本型」（14ページ）の通りに主食、主菜、副菜、牛乳・乳製品、果物をそろえるのが基本。そのうえで全体的な食事量を増やし、補食の回数を多くしてエネルギー摂取量を増やしましょう。食欲が湧くように、彩りよく、さまざまな調理法の料理を用意するのもおすすめです。増量したいからといって、唐揚げやトンカツといった脂質の多いものや、菓子パンやデニッシュペストリーといった甘いものをたくさん食べても、筋肉を増やすことはできません。

減量したいときも、「食事の基本型」の通りにするのは同じ。料理のボリュームは落とさず、エネルギーと脂質の量を控えます。例えば、白身魚や鶏肉、豆腐など低脂肪かつたんぱく質やビタミン、ミネラルが豊富な食材を活用したり、ゆでたり網焼きにしたりするなどして余計な脂質をとらないようにすると、体脂肪を落として筋肉量を維持することができます。

運動時の水分補給の仕方

1時間の練習で500～1000㎖の摂取が目安。

運動をすると体温が上昇します。その熱を逃がすしくみが発汗です。しかし、汗をかくと水分やナトリウムなどの電解質を失います。それらが補給されないまま運動を続けると、熱中症を引き起こしてしまう恐れも。ですから、運動中は必ず水分補給をしてください。

水分が足りているかどうかは、体重をチェックすればわかります。練習前後の体重の差が2％以上ある場合は、水分が不足していると判断します。また、練習中や直後の尿の色が濃いときも、水分が不足しているサインです。のどの渇きを知らせるサインは、体液が2％以上失われてはじめて脳に届きます。つまり、サインに気づいてから水分補給するのでは遅いので、常に早めの水分補給を心がけましょう。

汗の量は気温や湿度、練習時間によって異なります。水分補給のポイントは、発汗した分だけ補給すること。まず、練習や試合前にはコップ1～2杯の水分をとり、運動中は1時間あたり合計500～1000㎖になるように、15～20分ごとにこまめに分けてとりましょう。水の温度は5～15度に冷えたものがベスト。長時間運動するときは、塩分をとることも忘れずに。

試合前日の食事のポイント

糖質多めの
あっさりとした食事に。

トレーニングの成果を最大限に発揮したい試合時期。ストレスやプレッシャーなどの中でも実力を発揮できるように、コンディションをしっかり整えることをまずは意識しましょう。

試合前の食事の役割は、しっかりとエネルギー源を蓄えること、そして体調を整えることです。試合前の緊張から消化機能が低下することも考えられるので、胃に負担をかけないようなメニューを心がけましょう。ポイントは、①糖質を多めにとる。②ビタミンやミネラルをとる。③消化に時間がかかる脂質は控えめにする。④腸内でガスを発生させやすい食物繊維の多い野菜、芋や豆類は避ける。⑤食べ慣れないものは避ける。⑥食中毒を起こしやすい生ものは避ける。以上の6つです。

試合前にありがちなステーキやトンカツは、消化に時間がかかるので避けましょう。それよりも、蒸し鶏やゆで豚などさっぱりとしたおかずがおすすめです。また、生野菜のサラダよりは、ゆでた緑黄色野菜のほうが、量も多く食べられます。気合を入れたメニューを用意するのではなく、いつも通りの食事を少し変えるだけでOKです。

試合当日の食事のポイント

試合時間から逆算して、消化のいいものを。

試合当日の朝食は、試合開始の3〜4時間前までにすませておくと試合までに消化できます。前日の食事と同様に、糖質中心の消化のいい食事がベストです。翌朝の出発が早い場合は、前日までにしっかり食べておきましょう。

1日に試合が複数あり、試合と試合の間が短いときもあります。その場合は、次の試合スタート時には食べ物が完全に消化吸収されているように、前の試合が終わったらすぐにエネルギー補給を行って。

試合開始1時間ほど前までなら、おにぎりやパン、果物などを適量摂取してかまいません。試合の30分ほど前にはスポーツドリンクをコップ1〜2杯飲み、水分と糖分を補給しましょう。消化時間には個人差があるので、カラダと相談しながら食べることも大切です。

試合後はトレーニング後と同じように水分をしっかりとり、十分に糖質を補給してください。疲労回復と次の試合やトレーニングのために、どんなに疲れていても食事は必ずとりましょう。それが、疲労回復を早めることにつながります。試合後のミーティングなどで早く帰れない場合は、おにぎりや果物などの補食をとりましょう。

風邪を予防する栄養素

ビタミンACE（エース）を積極的に！

風邪の予防にはビタミンA、C、Eの3つを意識してとりましょう。ビタミンAはのどや鼻の粘膜の保護に役立ち、レバーや魚、乳製品、緑黄色野菜に多く含まれています。ビタミンCとEは抗酸化作用があり、ビタミンCは果物や野菜、いも類に、ビタミンEはナッツや植物油、魚介、かぼちゃなどに多く含まれています。ビタミンCは体内に貯蔵できないので、毎食とりましょう。ビタミンだけでなく、免疫力アップに欠かせないたんぱく質も十分にとってください。

夏バテを予防する栄養素

ビタミンB_1とB_2が豊富な食材を

夏場、冷たい飲み物やそうめんなどが続くと、ビタミンB_1とB_2が不足しがちになります。ビタミンB_1は糖質をエネルギーに変えるときに、ビタミンB_2は脂質をエネルギーに変えるときに必要ですが、これらが不足してしまうとエネルギーがつくられず、夏バテを起こしてしまうのです。ビタミンB_1は豚もも肉、木綿豆腐、鮭、玄米ご飯に多く含まれます。また、ビタミンB_2はうなぎ、さば、牛乳、納豆に多く含まれるので、特に夏場は意識して取り入れて。食欲が落ちてしまった場合は、レモンや梅干し、酢などの酸味、しょうがやにんにく、青じそなどの香味野菜、カレー粉などの香辛料を使って食欲をアップさせましょう。

サプリメントとのつきあい方

本格的な試合になると、ドーピングも意識しなければなりません。サプリメントの中には禁止薬物を含むものがあるので、注意が必要です。

とり過ぎは逆効果になることも。

サプリメントは日常の食事でとりきれなかった栄養素をあくまでも「補う」ことが目的であり、食事代わりにとるものではありません。

たんぱく質をとるために、プロテインなどのサプリメントを多く摂取しても、体たんぱく質（筋肉など）はある程度までしか増えないことがわかっています。とり過ぎた分は体脂肪に変換され、カラダに蓄積されたり、内臓に負担をかけたりするため、よかれと思ってしたことが逆効果になることもあります。

また、ビタミンA、D、E、カルシウム、鉄などの栄養素は上限値があり、多くとるほどいいというわけではありません。ふだんの食事では過剰摂取を気にする必要はありませんが、サプリメントをとる場合には、ついとり過ぎてしまう場合も。ですから、サプリメントは安易に使用せず、まずは食事の改善を優先させましょう。

STAFF

監修　田口 素子

監修補佐　村田 浩子

レシピ考案　松尾 みゆき

調理
松尾 みゆき（P20～83）
飯倉 孝枝（P8～10）

撮影
キッチン ミノル（P4～5、P8～10）
澤木 央子（P14、P16～17、P20～83）

フードスタイリング
飯倉 孝枝（P8～10）
諸橋 昌子（P14、P16～17、P20～83）

衣装スタイリング　折原 美奈子

ヘア&メイク　鈴木 貢実

イラスト　サタケ シュンスケ

アートディレクション　菅谷 真理子（マルサンカク）

デザイン　菅谷 真理子、髙橋 朱里（マルサンカク）

執筆　川端 浩湖、丸山 こずえ、加藤 恭子

編集　川端 浩湖、四條 智恵、大野 亜希

営業　井上 美都絵

企画　中村 麻由美、田鹿 恵、末木 佐知

BS朝日「アスリート・インフィニティ」

プロデューサー　篠原 弘光

営業担当　北條 登志子

✉ ジュニアアスリートのみなさんへ

ジュニアアスリートのみなさんは、誰でも大きな可能性を秘めています。それを伸ばすかどうかはあなた次第。理想とする強いカラダをつくるために、好き嫌いせずにしっかりと食べられるようになってください。そして、食事を楽しくおいしく食べれば、心の栄養にもなります。アスリートにとって、食べることはトレーニングの一部なのです。継続は力なり。練習を毎日コツコツと続けるのと同じように、食事も毎日の積み重ねが大切です。

BS朝日「アスリート・インフィニティ」
食の監修　田口素子

スポーツをがんばる子どものための
お悩み解決レシピ
ジュニアアスリートキッチン

2020年5月1日発行

編　者　BS朝日「アスリート・インフィニティ」
発行人　三雲 薫
編集人　中村 麻由美
株式会社文化工房
〒106-0032 東京都港区六本木5-10-31
03-5770-7114

印刷・製本　株式会社サンニチ印刷

ISBN978-4-9908284-6-2